TEACH YOURSELF BOOKS

CODES AND CIPHERS

This book provides an interesting and practical guide to the solution of ciphers. It begins with an account of the development of secret writing from ancient times to the present day. Subsequent chapters introduce the reader gradually to practical cryptography. The methods of enciphering and deciphering substitution and transposition ciphers, revolving grilles and other forms of secret writing are explained in detail, and each chapter ends with problems for the reader to solve, full solutions to which are given at the back of the book. There is a descriptive section on codes, and the final chapter describes how the author tackled an unknown Tudor cipher.

First printed 1973
Third impression 1975

Copyright © 1973
The English Universities Press Ltd.

All rights reserved. No part of this publication may be reproduced or transmitted in any form or by any means, electronic or mechanical, including photocopy, recording, or any information storage and retrieval system, without permission in writing from the publisher.

ISBN 0 340 12493 8

Printed and bound in Great Britain
for Teach Yourself Books, Hodder & Stoughton
by Richard Clay (The Chaucer Press), Ltd., Bungay, Suffolk

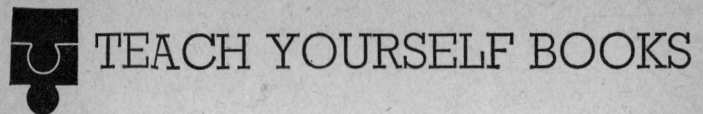
TEACH YOURSELF BOOKS

CODES AND CIPHERS

Frank Higenbottam

B.A., F.L.A.

**TEACH YOURSELF BOOKS
HODDER & STOUGHTON**

ST. PAUL'S HOUSE WARWICK LANE

LONDON EC4P 4AH

To the Reverend Canon S. Graham Brade-Birks, D.SC., F.S.A., for inspiration, encouragement and much practical advice; to David Kahn, author of *The Codebreakers*, for help and advice; and, last but not least, to my wife Phyllis, without whose patience and assistance this work would never have been completed.

Acknowledgements

The author and publishers are very grateful to the Dean and Chapter of Canterbury and to the Reverend Canon Joseph Robinson, A.K.C., B.D., Librarian, for their kind permission to include extracts from the Throckmorton Diary in Chapter 10 of this book.

Contents

		PAGE
	Preface	ix
1	The Story of Secret Writing	1
2	Simple Substitution	19
3	Multiple-alphabet Substitution Ciphers	43
4	Solution of Periodic Ciphers	60
5	Transposition	74
6	Revolving Grilles	92
7	Rectangular Columnar Transposition	107
8	Solving an Unknown Cipher	115
9	Codes	128
10	An Elizabethan Mystery Solved	134
	Appendix	149
	Reading List	153
	Answers to Problems	154

Preface

The author of the present work has set out to provide an interesting and practical guide to the solution of ciphers. The first chapter tells the story of secret writing from ancient times onwards. The reader is then gradually introduced to practical cryptography. He will learn about substitution and transposition ciphers, revolving grilles and other forms of secret writing. In each chapter, after the method of enciphering is explained, he is shown how to set about solving an unknown cipher, and is then given a number of problems to solve. Full solutions to all the problems are printed at the end of the book.

There is a descriptive section on codes and the final chapter describes how the author tackled an unknown Tudor cipher from Canterbury. In an appendix are given useful frequency counts of single letters of the alphabet, bigrams and common words in English, French, German, Italian and Spanish. A list of books for further reading is added for those wishing to pursue the subject more fully.

1 The Story of Secret Writing

1.1 Ever since man invented the art of writing, he has been interested in secret writing. In fact, one of the earliest forms of writing—Egyptian hieroglyphics—developed two distinct forms: *hieratic* or priestly writing and *demotic* writing, that of the common people. One Pharaoh is said to have given orders to the priests not to reveal the secrets of hieratic writing.

Of course, in a general sense, any form of writing is a *code*. We make prearranged arbitrary marks or pictures on a surface, which may be of clay, stone, vellum, paper or some other material, and then agree that these marks shall represent the sounds of the names of certain objects or ideas. For example, the Egyptian hieroglyph representing 'a mouth' was a clearly recognizable drawing of a mouth: ◯. But the following list of the equivalent words used to denote 'mouth' in various languages will show how arbitrary are these words, regarded simply as marks on the page:

mouth (English), *stoma* (Greek), *bouche* (French), *Mund* (German), *rot* (Russian), *os* (Latin).

At some remote period in history, but not necessarily at the same time, the different peoples of the world each agreed to give a name to this part of the body, and the more civilized of them eventually got around to making marks on the surface of some material to represent the sound of this name. At first, it was sufficient to write things down for them to remain a secret, since very few people were able to read. As the art of writing developed and became more widespread, it sometimes became necessary to devise methods of changing or distorting a message, so that only the sender and the recipient would be able to read it.

And so we come to codes and ciphers. In a general sense, we apply the word *code* to any form of secret writing, but strictly speaking there is a technical difference between a *code* and a *cipher*.

In a code a whole word or phrase is represented by an arbitrary group of letters or figures:

camp	AAAAA
campaign	AAAAB
Canada	AAAAC

To encipher in code the sender has a code-book, consisting of all the words (and phrases) likely to be used in sending messages, arranged in alphabetical order for convenience in finding. Opposite each word (or phrase) is an arbitrary code-group of letters or figures, which will represent that word or phrase in the code message. The recipient has another code-book, in which the code-groups are arranged alphabetically (for a letter code) and numerically (for a figure code):

Sender's code-book		*Recipient's code-book*	
army	SYRTO	AAAAA	supplies
artillery	ICOTN	AAAAB	division
auxiliary	BMCGA	AAAAC	agent
(*etc.*)		(*etc.*)	

In a cipher, however, the individual letters of the message are represented by other letters (or even arbitrary symbols) according to a predetermined plan (*substitution cipher*), or the actual letters of the message are mixed up, again according to a predetermined plan (*transposition cipher*). Thus, to take a simple example, if we replace each letter by the next letter in the alphabet, the word ARCHBISHOP becomes BSDICJTIPQ.

A simple transposition method is to write the word on two lines, putting the odd letters on the top line and the even letters on the bottom line:

A C B S O
R H I H P

The resulting transposition cipher word reads ACBSORHIHP. Of course, these methods can be solved, and they are merely given to illustrate the main difference between *codes* and *ciphers*. Later chapters will demonstrate more sophisticated methods of secret writing.

1.2 Biblical cryptography

It may come as a surprise to learn that cryptography occurs in the Bible. *Jeremiah* 25:26 (A.V.): 'And all the kings of the north, far and near, one with another, and all the kingdoms of the world, which are upon the face of the earth and the king of *Sheshach* shall drink after them.' *Jeremiah* 51:41 (A.V.): 'How is *Sheshach* taken! and how is the praise of the whole earth surprised! how is Babylon become an astonishment among the nations!'

The word BABEL (i.e. Babylon) has been enciphered by what is known as a simple substitution cipher of the Hebrew alphabet. The first half of the alphabet is written down from left to right and then the second half is written underneath from right to left:

aleph	beth	gimel	daleth	he	waw	zayin	heth	teth	yod	kaph
א	ב	ג	ד	ה	ו	ז	ח	ט	י	כ

taw	sin shin	resh	qoph	sadhe	pe	ayin	samkeh	nun	mem	lamed
ת	ש	ר	ק	צ	פ	ע	ס	נ	מ	ל

The first letter *aleph* is replaced by the last letter *taw*; the second letter *beth* by the next to the last *sin* or *shin*; and the third letter *gimel* by the third letter from the end *resh*.

So in the Biblical text above the *beth* of BABEL is replaced by the *shin* of SHESHACH. Similarly, the L or *lamed* is replaced by the hard CH or *kaph*.

The Jews called this letter substitution cipher *atbash*, the name being composed of the initials A (aleph), T (taw), B (beth) and SH (shin). In Jewish writing the vowels are not expressed, so that BABEL would be written BBL and SHESHACH, SH SH CH.

Atbash and other forms of simple substitution occur throughout Jewish religious writings, and they gave the monks of the Middle Ages the idea of secret writing. From this developed the ciphers of the Renaissance city-states, and later the modern use of codes and ciphers in all their complexities.

1.3 Roman cryptography

Julius Caesar has given his name to a well-known simple substitution cipher. The original Caesar alphabet consisted of the ordinary alphabet, with another alphabet written underneath, three letters further on:

```
A B C D E F G H I J K L M N O P Q R S T U V W X Y Z
D E F G H I J K L M N O P Q R S T U V W X Y Z A B C
```

Thus the message THE TENTH LEGION WILL ADVANCE TO THE ATTACK becomes in cipher WKH WHQWK OHJLRQ ZLOO DGYDQFH WR WKH DWWDFN. We shall see in a later chapter how vulnerable this cipher is.

1.4 Tironian Notes and early shorthand

It is perhaps a good place here to discuss the so-called *Tironian Notes*. Tradition has it that Cicero, the famous Roman orator, required his speeches to be recorded and that Tiro, his slave, invented a system of abbreviations whereby he was able to take down his master's words as they were uttered. As a reward Tiro is said to have been granted his freedom. Some doubt has been cast on this story, and modern scholars, particularly the Germans, in the nineteenth and twentieth centuries have given a full account of the development of this primitive 'short hand'. It is now known that the Greeks were using a form of abbreviated writing, or shorthand, as early as the fourth century B.C. There are manuscripts and inscriptions written in abbreviated Greek letters, and even shorthand symbols that bear a remarkable resemblance to modern shorthand as we understand it. It is even more surprising that the Greeks compiled several shorthand manuals, with instructions on how to write shorthand:

Greek shorthand

(*From the first column of leaf* 195ʳ *of* Codex Graec. Vaticanus 1809 *of the tenth century.*)

Nemo fideliter diligit quem fastidit nam et calamitas querula est et superbia felicitas. Non ignores arbores magnas diu crescere una hora exstirpari. Stultus est qui fructus earum spectat altitudinem non metit vide dum ad cacumen pervenire contenderis cum ipsis ramis quos comprehenderis decidas.

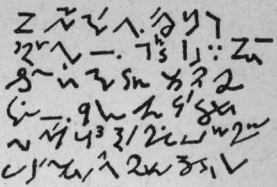

(A final observation written in Tironian Notes from a life of Alexander the Great written in the tenth century.)

a	∧	alius, alienus, andro	i	in, imus
	h	ager, amicus, arbiter, ante, animus	k	kalendae
b	3	brevis	l	leno, latro, liber, locus
c	C	centum, cliens, certus, cor		latum, legitimus
	⊃	Con, commodus, civis		legio, lumen
	⌒	circa, comes, comitatus		longus, libertus, lux
d	3			lacus, latus
e	ℓ	ego	m	majestas, mercatus
f	I'	forte		maximus, mendicus
	l	felix		mox
	∧	FRater, FRaus		mater, medicus, maestus
g	G	gramen, gravitudo, Gaius		mons, munus, mus
	⋂	gens, genius, genus		mors, mihi
h	ч	homo, hodie, heri		magnus, minister
				maturus, maurus
				malo, mallius
n	Z	ne, neve, nive, nemo		

(Some examples of the signs or notae *which served for different words, although these words were distinguished by added dots in different positions.)*

Returning to Tiro, his Notes proved so useful that they were developed by succeeding scribes (or notaries as they were called), and survived as late as the thirteenth century. Basically, shorthand is a system of writing employing a simple substitution cipher (the shorthand alphabet) together with very short, arbitrary code symbols representing common words, prefixes, affixes and syllables. The aim of a system of shorthand is to record the words of a speaker as they are uttered, so each letter of the alphabet has to be represented by a symbol that is distinct yet simple enough to be written quickly. In addition, as there is a physical limit in the writing of one and a half syllables per second, a great deal of abbreviation has to be used, such as the omission of vowels and the sloughing of syllables. Thus a double process is involved in writing down a speech in shorthand. The writer has first to abbreviate the words in his mind and then to represent them on paper by substituting the appropriate symbols of the particular system of shorthand he is using. The opening words of the Lord's Prayer 'Our Father which art in Heaven' are abbreviated to 'r f ch ar n hvn', which in Pitman shorthand becomes

Shorthand developed as a form of abbreviated writing and was not primarily intended to be secret, as shorthand manuals were published quite openly for teaching purposes. Many famous people, however, have found it convenient to use shorthand in their private diaries, and Samuel Pepys (1633–1703) is perhaps the best known of these. He wrote his *Journal* (covering the years 1660–1669) in Shelton's system of shorthand, partly in order that no one would be able to read what he had written. Just over a century later, a Kentish parson, the Reverend Joseph Price, Vicar of Brabourne, was recording his own secret thoughts and observations in his manuscript diary (1769–1773), and by a strange coincidence he used the same system as Pepys. Bachelor Joseph Price probably wrote his diary in shorthand to keep his housekeeper from prying, although he was not averse to writing the names of people in longhand.

The number of shorthand systems is legion. From Timothy Bright's *Characterie* in 1587 to the present day, over 300 shorthand systems have been published in England alone, and new systems are still coming from the press. For those who would like to read more about this fascinating subject, *The Story of British Shorthand* by E. H. Butler, (Pitman 1951) is recommended.

1.5 St. Boniface

In Europe, during the Dark Ages, the art of writing itself almost disappeared, so it is not surprising that cryptography also vanished. When it did begin to reappear, the systems used were very elementary: mirror writing; vowels replaced by dots; strange alphabets, such as Greek and Hebrew used to spell out words in contemporary languages; and special signs invented for the letters of the alphabet. W. Levinson in his *England and the Continent in the Eighth Century* (Clarendon Press, 1946) has an interesting appendix 'St. Boniface and Cryptography' (pp. 290–4) for those who would like to read more about this period. He mentions that in a Latin treatise of the ninth century on 'The Invention of Alphabets', St. Boniface is said to have first demonstrated the replacement of vowels by dots, as well as a similar method in which the vowels are replaced by the next letters in the alphabet:

Vowels replaced by dots

```
A    E    I    O    V (for U)
:    ⋮    .    ::   :.:
```

.NC.P.T V:RS:..S B::N.F:C.. :RCH.:P.SC::P.
= Incipit versus Bonfacii archiepiscopi

GL::R.::S.Q:..: M:RT.R.S
gloriosique martiris

(Here begins the verse of Boniface archbishop and glorious martyr.)

Another manuscript of the early eleventh century has:

Vowels replaced by following letters

FRBTFR HXMKLLKMXS FT MPNBCHXS AFLSKNXS MF SCRKPSKT.
= Frater humillimus et monachus Aelsinus me scripsit.

SKT KLLK LPNGB SBLXS.
Sit illi longa salus.

(The most humble brother and monk Aelsinus wrote me. Long may he live.)

In the book mentioned above, Levinson, having cited these instances, says: 'these examples, which could easily be multiplied, coming from different countries and belonging to several centuries, show how much this rather futile trifling with a "secret" script was in favour in the West during the Middle Ages.'

1.6 Renaissance cryptography

It is rather surprising to find Geoffrey Chaucer's name turning up in the history of cryptography, but in his book *The Equatorie of the Planetis*, written about 1390, he included six passages in cipher. He used a simple substitution cipher alphabet of invented symbols.

A cipher written by Chaucer

This table servith
for to enter in to
the table of equa-
cion of the mone
on either side

(*From* The Equatorie of the Planetis *written about 1390*.)

Roger Bacon (*c.* 1214–1294), the English Franciscan philosopher, also turned his hand to cryptography. His Epistle on the

Secret Works of Art and the Nullity of Magic gave five methods of secret writing: omitting vowels; strange alphabets; invented alphabets; shorthand; and 'magic figures and spells'.

1.7 Indian and Arabian influence on cryptography

Modern research has revealed the important part played by the Indians and Arabians in developing the art and science of cryptology (which includes cryptography and cryptanalysis). We now know that they must have had some knowledge during the Dark Ages of how to solve unknown ciphers. This, of course, is only part of the much greater theme of the way in which Greek and Roman culture was preserved and developed by scholars in the Middle and Far East while Europe was still passing through what is so aptly called the Dark Ages.

1.8 Development of modern cryptography

During the fifteenth century, a tremendous impulse was given to cryptography by the growth of the Renaissance city-states and the emerging nations of Europe. In Italy, Florence, Venice, Milan and the Vatican itself soon found that they needed to communicate in secret with their ambassadors abroad and to receive secret reports from them. These states formed highly-paid teams of scholars, who devised methods of sending secret messages in cipher. As they became more adept, these cryptographers learned how to read their rivals' ciphers, and so the embryo science of cryptanalysis (or cipher-breaking) made its appearance. During the sixteenth century, the great powers of Western Europe (England, France and Spain) realized the importance of secret writing and set up their own cryptographic bureaux.

The first ciphers to be used were simple substitution ciphers; then, as these were deciphered, they were made more secure by employing several alternative symbols for the common letters of the alphabet, like E, T, A, O and N. However, clever cryptographers soon learned how to read these relatively unsophisticated ciphers, and to thwart them a system of ciphers called *nomenclators* was introduced. Nomenclators consisted of a substitution alphabet (with multiple cipher forms for common letters), with a number of code symbols to represent the names of important people. One such system, used by Sir Francis Walsingham, Queen Elizabeth of England's Ambassador to France, had the following code symbols for people mentioned in his messages sent back home:

Sir Francis Walsingham's ciphers

(*From* The Compleat Ambassador, *edited by Sir Dudley Digges, London, 1655.*)

1. If I be not much deceived *Colly Weston, Northampton* 2 3 4 8 ŧ 4 b π σ 6 u 4 0, in this.

    (*p. 66: Burghley to Walsingham, 24th March, 1570/1*)

2. The ② ६ 2 7 4 ⊖Π6ΠU shewed me his Mistress's letters dated to the seventh of this month.

    (*p. 110: Walsingham to Burghley, 25th June, 1571*)

3. *Mather* denieth not but that he was ᘒ 8 2 0 6 and now saith he is ᘒ 0 2 1 0 6.

    (*p. 165: Burghley to Walsingham, 2nd February, 1571/2*)

4. Presently there is here one *York,* U 4 I Ɔ Π U ɤ w 5 I ✦ 6 p Ɔ come as he saith with Letters from Lyons, ⁓ ① of credit to the Queen's Majestie, and his message is to declare secretly the danger of ʂ 9 ⱳ ②

    (*p. 283: Burghley to Walsingham, 3rd November, 1572*)

5. *Le* the Port of 2 0 ≠ 6 Ɔ Δ.
    For which purpose he hath required me to provide a passenger to attend at Harwich.

    (*p. 301: Burghley to Walsingham, 11th December, 1572*)

6. The matter of most importance contained in the same, was touching a Gentleman of ⑨ departed hence to 2 Ɔ ≠ 6 Ɔ 4 with intention to imbarque there if the Barque were not departed.

(*p. 313: Walsingham to the Lord Treasurer, 20th January, 1572/3*)

(As far as the present writer knows, the above cipher has not been broken.)

THE STORY OF SECRET WRITING

The whole subject of Elizabeth cryptography is a fascinating one. Mary, Queen of Scots, went to the scaffold because her messages in cipher to her conspirators in France were read by Thomas Phelippes, Queen Elizabeth's cryptographer. At an earlier period, John Dee kept Queen Elizabeth informed of the King of Spain's preparations for the Armada in 1587 through ingenious messages in symbolic code. The interested reader is referred to *Mary, Queen of Scots* by Antonia Fraser (Weidenfeld & Nicholson, 1969) and *John Dee* by Richard Deacon (Muller, 1968).

In a later chapter we shall tell how Sir Walter Raleigh's brother-in-law was so ashamed of his brother's hanging that he recorded the event in his diary in cipher. An account will also be given of how this cipher was broken.

1.9 Johannes Trithemius: the Father of modern cryptography

Johannes Trithemius, Abbot of Spanheim in Germany, was reputed to be one of the most learned men in Europe during the fifteenth century. He is said to have gathered together the largest library in the world at that period (some 3000 books and manuscripts) and his opinion was sought by scholars from all over Europe. He was born on 2nd February, 1462, in the little village of Trittenheim in Germany and was sent to be educated at the University of Heidelberg. He was elected Abbot of Spanheim in 1483, but incurred the hostility and jealousy of his colleagues, and was dismissed in 1506.

He dabbled in cabbalism and magic, and thereby aroused the suspicion of the Church authorities. His claim to the title of Father of modern cryptography rests on his book *Polygraphia* (published in 1510), which was the first published work on cryptology. He constructed a very complicated code, whereby single words represented flowery phrases or sentences. By stringing these phrases and sentences together he was able to convey a secret message. It was a most clumsy system for practical purposes. His main claim to fame in the history of cryptography was the introduction of the square table consisting of twenty-six alphabets, each alphabet being slid one place to the left of its predecessor:

```
A B C D E F G H I J K L M N O P Q R S T U V W X Y Z
B C D E F G H I J K L M N O P Q R S T U V W X Y Z A
C D E F G H I J K L M N O P Q R S T U V W X Y Z A B
D E F G H I J K L M N O P Q R S T U V W X Y Z A B C
E F G H I J K L M N O P Q R S T U V W X Y Z A B C D
F G H I J K L M N O P Q R S T U V W X Y Z A B C D E
G H I J K L M N O P Q R S T U V W X Y Z A B C D E F
H I J K L M N O P Q R S T U V W X Y Z A B C D E F G
I J K L M N O P Q R S T U V W X Y Z A B C D E F G H
J K L M N O P Q R S T U V W X Y Z A B C D E F G H I
K L M N O P Q R S T U V W X Y Z A B C D E F G H I J
L M N O P Q R S T U V W X Y Z A B C D E F G H I J K
M N O P Q R S T U V W X Y Z A B C D E F G H I J K L
N O P Q R S T U V W X Y Z A B C D E F G H I J K L M
O P Q R S T U V W X Y Z A B C D E F G H I J K L M N
P Q R S T U V W X Y Z A B C D E F G H I J K L M N O
Q R S T U V W X Y Z A B C D E F G H I J K L M N O P
R S T U V W X Y Z A B C D E F G H I J K L M N O P Q
S T U V W X Y Z A B C D E F G H I J K L M N O P Q R
T U V W X Y Z A B C D E F G H I J K L M N O P Q R S
U V W X Y Z A B C D E F G H I J K L M N O P Q R S T
V W X Y Z A B C D E F G H I J K L M N O P Q R S T U
W X Y Z A B C D E F G H I J K L M N O P Q R S T U V
X Y Z A B C D E F G H I J K L M N O P Q R S T U V W
Y Z A B C D E F G H I J K L M N O P Q R S T U V W X
Z A B C D E F G H I J K L M N O P Q R S T U V W X Y
```

He used each alphabet in turn to encipher succeeding letters; thus the first letter of the message was enciphered by the first alphabet, the second letter by the second alphabet, and so on. So the word *creator* becomes CSGDXTX. The first letter *c* remains unchanged, the next letter *r* becomes S in the second alphabet, the third letter *e* becomes G in the third alphabet, and so on.

1.10 Military cryptography and modern sophistication

The history of cryptography from the seventeenth to the nineteenth century is largely concerned with the development of the *nomenclator*, which was still in use at the end of this period. The invention of the telegraph, and later that of the radio, led to tremendous progress in military ciphers. The large national armies of the later nineteenth century undoubtedly played a great part in revolutionizing military cryptography. As we shall see in Chapter 9, governments turned more and more during the nineteenth century from codes to ciphers for their military communications, particularly in the field. By the end of the First World War, men were trying to enlist the aid of machines to cope with the ever-growing volume of military messages. General Cartier, head of the French cryptographic bureau, estimated that during the period 1914–1918 German messages totalling over one hundred million words had been intercepted by the Allies. This gives some idea of the contribution made by machines to the enciphering and deciphering of military messages. The first step was the invention by the Frenchman Baudot of an alphabetical code for teleprinters. Each letter of the code was allotted a sign, consisting of five elements, which could be transmitted as electrical impulses. Each element could be either active or inactive; thus the letter A was represented by the sign x x··· (where x means active and · means inactive). It was agreed that the following rules should apply:

$$\text{active} + \text{active} = \text{inactive}$$
$$\text{active} + \text{inactive} = \text{active}$$
$$\text{inactive} + \text{active} = \text{active}$$
$$\text{inactive} + \text{inactive} = \text{inactive}$$

or, expressed in crosses and dots:

Clear		*Key*		*Cipher*
A	+	B	=	say, G
x	+	x	=	·
x	+	·	=	x
·	+	·	=	·
·	+	x	=	x

A man named Vernam in the employ of an American telephone company devised a machine that, using an adaptation of the Baudot code, could encipher and transmit messages at one operation. The clear message was tapped out on a keyboard in the ordinary way, while a random key was fed into the machine and added letter by letter to the clear. The resulting cipher was transmitted to another machine, which then proceeded to strip off the key and present the clear message, much to the amazement of the onlookers at the first demonstration. Thus clerks no longer needed to spend long hours enciphering messages before passing them to an operator for transmission, nor did their colleagues at the receiving end need to work in a similar tedious way at deciphering them by hand. A cryptographic utopia was apparently at hand. Unfortunately, there was one huge snag, and that was the difficulty of providing sufficient random key for encipherment. As we shall see in a later chapter, any repetition of key was fatal to the security of the cipher. The story of how this difficulty was overcome and the subsequent development of machine ciphering from this initial breakthrough by Vernam is a long and fascinating one. The problem of generating sufficient random key was eventually solved by the use in the machine of geared rotors, which provided a random key long enough to obviate repetition for a particular sequence of messages. Towards the end of the Second World War, the Allied Supreme Headquarters in Europe was handling nearly two million words a day, and on a day in August 1945 a peak figure of over nine million words was reached. This gives some idea of the progress since Vernam's first stumbling but epoch-making efforts in 1917.

In Chapter 9 we briefly mention figure codes, in which each group has a numerical key added to it to produce an enciphered code-group. Now, in attempting to break such a code, the cryptanalyst was faced with a tremendous clerical task in producing 'difference' books, where each group in a message was subtracted (in non-carrying addition arithmetic) from the next group. It is too complicated a subject to explain here the reasons for employing this method of attacking such a figure code. If, however, we take these for granted, it will be appreciated that cryptanalysts soon began to think of ways of bringing machines into their work. At first, punched cards were used to lighten the burden of compiling these 'difference' books, which were such an essential tool. Then the computer was used for this work. The whole process of cryptography has now been studied by mathematicians, and all methods of encipherment, without exception, have been found to have an underlying mathematical structure. Cryptanalysis today is essentially a task requiring teamwork. Whatever has been enciphered by man must inevitably show signs of patterns, however slight, that differ from what we should expect by chance. It is these shadowy patterns that cryptanalysts are looking for. These occur in modern ciphers at very long intervals, and it is here that the computer enters cryptography, for only the computer can cope with the torrents of text necessary for the solution of a cipher in a reasonable length of time. The computer can try probable words at lightning speed against the enciphered messages in an effort to find probable key. It can also be used, for a given displacement of a rotor cipher machine, to test for groups of letters that approximate to plaintext. It can solve group theory equations, which will help to analyse the rotor mechanism of the machine. And all this can be carried out at an amazing speed: one particular computer can perform over 200 000 additions per second.

1.11 Ciphony and scramblers

The electronic scrambling of telephone messages has been given the name *ciphony* (from *cipher* and *telephony*). Scrambling is almost as old as the telephone itself. In 1881, only five years after Bell had invented the telephone, James H. Rogers produced the first scrambler. Modern scramblers operate in two main ways: one on a vertical axis, modifying the frequencies or waveforms in some way, and the other on a horizontal or time axis. The frequency of a sound is the rate at which the vocal chords vibrate. A low sound vibrates very slowly and hence is said to have a low frequency. A high sound, on the other hand, vibrates at a much greater rate and is therefore said to have a high frequency. Due to resonance, each sound has, in addition to its main frequency, several other frequencies. The frequencies of speech range from 70 to 7000 cycles per second, but the telephone cuts out the very low and the high frequencies, so that only those ranging from 300 to 3300 cycles are transmitted. One method of scrambling is to *invert the frequencies*, so that a sound of 300 cycles per second becomes one of 3300 c/s. This is like substituting z for a, y for b and so on in the Biblical *atbash* cipher, and the resulting sounds are unrecognizable. Another method is *band-shifting*, in which the frequencies are raised (or lowered) by a fixed amount, say 1200 cycles, and those frequencies going above the limit of the band appear at the bottom. *Band-splitting* divides the band by means of filters into four or five segments, which are then shuffled out of order. Another ingenious method adds the noise of a gramophone record to drown the human voice. The intrusive gramophone record is subtracted at the receiving end by the playing of the same record at the same speed, thereby allowing the pure message to emerge. A further method is to *modify the waveforms*. This is similar to turning the volume control on a radio up and down, and as this is made to occur at very high speed the result is a very satisfactory scramble.

The second main type of scrambling operates on a horizontal or time axis. *Time division scramble* (or T.D.S. as it is called) cuts up the flow of speech into minute portions and then throws them into disorder. This is done on a tape-recorder, using five pickup heads to produce an unintelligible result. In *wobble* scrambling, a pickup head is drawn backwards and forwards against the moving tape. When travelling backwards, this has the effect of recording speech at a higher speed, giving a high-pitched squeak. When the pickup head is drawn forwards, in the same direction as the moving tape, this has the effect of slowing down the speed of recording, with growls as the result. As this process is alternated at a very high speed, the resulting sound reduces an eavesdropper to dismay. The same effect can be simulated by alternately speeding up and slowing down a gramophone record.

A very sophisticated refinement is the combination of inversion with time division scrambling. This was thought to be unbreakable. Yet for a time during the Second World War the Germans were able to unscramble telephone messages passing between the Allied heads of state. Fortunately for the security of Allied invasion plans in 1944, this was discovered well before D-Day. The final tool used by cryptanalysts in tackling scrambled messages was the *spectograph*, developed so successfully by the Americans. This turned scrambled speech into a visual image, in which the frequencies were clearly distinguished. These could be photographed and studied, and the type of scrambling determined. Much detailed work in shuffling the portions of frequencies eventually resulted in unscrambled messages. As one delves more deeply into cryptography and cryptanalysis, the more one admires the ingenuity of the cipher-makers, and equally the tenacity and brilliance of their opponents. the cipher-breakers.

1.12 Spy ciphers

As David Kahn aptly remarks in his book *The Codebreakers*, 'the spy's success, his very existence, depends on his not being seen or heard'. He cannot afford to be detected in sending cipher messages, since he is operating in enemy territory. So he resorts to invisible inks, 'open' codes and other methods of hiding the fact that any hidden message is being communicated. When the Second World War broke out, each warring nation set up a censorship office to examine all outgoing and incoming mail. In the United States, for example, a ban was put on all postal chess games, crossword puzzles and newspaper cuttings (to avoid the transmission of secret messages by means of letters dotted underneath in invisible ink). One censor examiner even took home a knitting pattern and produced a garment according to its instructions to make sure there was no secret message hidden in its design. In England, two alleged Dutch businessmen kept sending home orders for large quantities of cigars. One week it was 6000 cigars from Plymouth, then another large order from Devonport and, finally, a huge order from Newcastle-on-Tyne. The censors knew that British sailors do not smoke many cigars and drew the attention of the security authorities to the two 'Dutchmen'. It was found that the apparently innocuous business orders concealed an 'open' code, by means of which valuable military information was being sent to Germany via Holland. The two businessmen were German spies, who stood trial in London and on being convicted were shot at the Tower.

Invisible inks are used in espionage. These can be made from milk, vinegar and even urine. The application of heat reveals the hidden message. Other inks are made from chemicals, and their secrets are revealed by the application of reagents of various kinds. The Germans during the Second World War continually improved their invisible inks, seeking to find a chemical that would resist all known reagents. A silent battle ensued, with the Allied scientists striving to discover yet another reagent to defeat the German efforts.

The actual ciphers used by the spy before transmitting his messages were the usual ones of irregular columnar transposition with the addition of a random key, derived from a 'one-time' pad or some other means.

The way a modern spy operates is well illustrated by the case of the Soviet agent, Lonsdale, and his associates, Peter and Helen

Kroger. At their trial in London in 1961, it was revealed that they were operating clandestine radios in direct touch with Moscow on a regular broadcasting and receiving schedule. Their cipher involved the use of 'one-time' pads. These took the forms of tiny scrolls containing a large number of five-figure groups of random key. Six of the scrolls were still small enough to be hidden in the base of Lonsdale's petrol lighter. The pads were made of cellulose nitrate, which was very inflammable. Lonsdale also had a supply of potassium permanganate, by means of which the pads could be instantly destroyed. 'One-time' pads could also take the form of small, thick booklets, about the size of a postage stamp. As each sheet was used, it was torn off and destroyed, even if only a portion of the groups on that sheet had been used. In this way it was made certain that no key was ever repeated. Incoming messages were recorded on a tape-recorder and then deciphered. Lonsdale was found to be in possession of a radio that could send out Morse messages at the extremely high speed of 240 words a minute. No doubt he must have recorded his message first, as he could not possibly have transmitted Morse by hand at such a high speed.

2 Simple Substitution

2.1 Substitution occurs in everyday life. We meet it in the dots and dashes of Morse code ···- - -···, in the lines, curves and circles of Pitman shorthand ...., and in the embossed dots of the Braille alphabet for the blind ⠠⠹⠁⠀⠉⠁⠞. To the uninitiated all these examples are as mystifying as a genuine message in cipher, but to the radio operator the Morse above stands for 'SOS', a trained secretary will easily read the shorthand as 'Dear Sir, In reply to your letter . . .', while a blind person will quickly glide his fingers over the Braille and read 'The cat . . .'. Each of these systems of communication implies a set of symbols by means of which the letters of the alphabet can be represented:

Morse

A	B	C	D	E	F	G	H	I	J
·—	—···	—·—·	—··	·	··—·	——·	····	··	·———

K	L	M	N	O	P	Q	R	S	T
—·—	·—··	——	—·	———	·——·	——·—	·—·	···	—

U	V	W	X	Y	Z
··—	···—	·——	—··—	—·——	——··

Pitman Shorthand

P	B	T	D	Ch	J	K	G	F	V	Th	Th

S	Z	sh	zh	M	N	Ng	L	R	W	Y	H

Braille

A	B	C	D	E	F	G	H	I	J	K	L	M

N	O	P	Q	R	S	T	U	V	W	X	Y	Z

Morse code makes it possible to transform the letters of a message into electric impulses and to send them over the radio or telegraph. Shorthand enables a speaker's words to be recorded as quickly as they are uttered. A blind person can 'read' Braille by touching the embossed dots with his fingers and identifying each letter.

A substitution cipher works in exactly the same way, using a set of symbols, determined beforehand, to represent the letters of the ordinary alphabet. The substitution cipher, however, aims at keeping messages secret from anyone not in possession of the key. This is the essential difference between a substitution cipher and any other form of symbolic representation of the letters of normal language.

2.2 Simple substitution cipher

Simple substitution means that each letter of the normal alphabet is replaced by a fixed substitute in the cipher alphabet. Similarly, each cipher letter will always represent the same fixed letter in the clear alphabet.

2.3 Caesar cipher

One of the earliest simple substitution ciphers is known as the *Caesar cipher* (after Julius Caesar, who is said to have used it during his campaigns in Gaul). In this cipher the alphabet is moved back three places under the normal alphabet:

Normal
alphabet: a b c d e f g h i j k l m n o p q r s t u v w x y z
Cipher
alphabet: D E F G H I J K L M N O P Q R S T U V W X Y Z A B C

Thus *Gaul is divided into three parts* becomes JDRO LV GLYLGHG LQWR WKUHH SDUWV.

Using the principle of shifting the cipher alphabet under the plaintext alphabet, it is possible to produce twenty-six different cipher keys by sliding the cipher alphabet from one to twenty-six places.

2.4 Inverse alphabets

By writing the cipher alphabet backwards under the normal alphabet, we get what is called an *inverse alphabet*:

Normal: a b c d e f g h i j k l m n o p q r s t u v w x y z
Cipher: Z Y X W V U T S R Q P O N M L K J I H G F E D C B A

One peculiarity of inverse normal alphabets is that a plaintext letter and its cipher equivalent are *reciprocal*. If *a* is represented by Z, then *z* will be represented by A, and so on for all the other letters. In fact, the cipher key may be shortened to:

A B C D E F G H I J K L M
Z Y X W V U T S R Q P O N

and letters may be taken from the key both for encipherment and for decipherment. Any alphabet that is cut in two and the second half written under the first will form a reciprocal alphabet, and the order of the letters does not affect the reciprocity.

1. A B C D E F G H I J K L M
   N O P Q R S T U V W X Y Z

2. A B C D E F G H I J K L M
   O N Z Y X W V U T S R Q P

The cipher alphabet may be generated by using a keyword (omitting any repeated letters) and then filling up the cipher key with the rest of the alphabet. Suppose the keyword is CANTERBURY. The second R is omitted and the keyword becomes CANTERBUY:

Cipher alphabet: C A N T E R B U Y D F G H
I J K L M O P Q S V W X Z

2.5 Transposition mixed cipher alphabets

Another method of generating cipher alphabets is to write the keyword and the remainder of the alphabet in a rectangular block:

```
C A N T E R B U
Y D F G H I J K
L M O P Q S V W
X Z
```

The letters are then taken out in columns and written under the normal alphabet:

Normal: a b c d e f g h i j k l m n o p q r s t u v w x y z
Cipher: C Y L X A D M Z N F O T G P E H Q R I S B J V U K W

In the above example, the columns were taken out in order, from left to right. They can, however, be taken out in any desired prearranged order. One way is to take them out in the order of an arbitrary numerical key written above the keyword:

```
9 7 1 5 3 6 2 8 4
C A N T E R B U Y
D F G H I J K L M
O P Q S V W X Z
```

Normal: a b c d e f g h i j k l m n o p q r s t u v w x y z
Cipher: N G Q B K X E I V Y M T H S R J W A F P U L Z C D O

```
7 3 5 1 6 2 8 4
C A N T E R B U
Y D F G H I J K
L M O P Q S V W
X Z
```

Normal: a b c d e f g h i j k l m n o p q r s t u v w x y z
Cipher: T G P R I S A D M Z U K W N F O E H Q C Y L X B J V

CRYPTANALYSIS

2.6 The weakness of the Caesar cipher is that the original message can be obtained immediately by the process of what is known as 'running down' the alphabet under the first dozen or so letters of the cryptogram. Suppose we have a cryptogram:

PDABE   BPAAJ   PDHAC   EKJSE   HHWPP   WXGXE   CXQNU

SIMPLE SUBSTITUTION

We write down the first twelve letters and continue down the alphabet under each cipher letter, a few letters at a time, until we begin to recognize normal language:

```
Cipher:  P D A B E B P A A J P D ...
         Q E B C F C Q B B K Q E
         R F C D G D R C C L R F
         S G D E H E S D D M S G
Clear:   T H E F I F T E E N T H
         ─────────────────────────
         U I F G J G U F F O U I
```

In fact, we have only had to go down to the fourth line to find the clear. The first cipher-letter P represents the clear-letter T, so if we set out the clear alphabet and put the cipher-letter P under the clear-letter T we can fill in the rest of the cipher alphabet:

Clear: a b c d e f g h i j k l m n o p q r s t u v w x y z
Cipher: W X Y Z A B C D E F G H I J K L M N O P Q R S T U V

The cipher alphabet has been slid forward four places under the clear alphabet, so to recover the clear letter from any cipher letter we go forward four places. Hence we find the clear message appearing in the *fourth* line above, where we have 'run down' the alphabet under each letter. As it is not known how many places the cipher alphabet has been slid under the clear alphabet, we have to find this by 'running down' the alphabet under each cipher letter until we begin to recognize clear language.

2.7 A cipher employing a pair of inverse *normal* alphabets, which have been shifted in relation to each other, is just as vulnerable as an ordinary Caesar cipher. It cannot be solved immediately by 'running down' the alphabet, as in the Caesar cipher, but must first be converted into a Caesar-type cipher, using a pair of inverse alphabets:

a b c d e f g h i j k l m n o p q r s t u v w x y z
Z Y X W V U T S R Q P O N M L K J I H G F E D C B A

Suppose we have a cryptogram beginning:

```
                     K W Z C V M K W P Y D Q D K V P Q . . .
Converted
cryptogram:          P D A X E N P D K B W J W P E K J

                     Q E B Y F O Q E L C X K X Q F L K

                     R F C Z G P R F M D Y L Y R G M L

                     S G D A H Q S G N E Z M Z S H N M
Clear:               T H E B I R T H O F A N A T I O N
                     ─────────────────────────────────
                     U I F C J S U I P G B O B U J P O
```

The inverse normal alphabets, which acted as key to the above cipher, are:

Clear: a b c d e f g h i j k l m n o p q r s t u v w x y z
Cipher: D C B A Z Y X W V U T S R Q P O N M L K J I H G F E

If we had 'run down' the alphabet with the original cryptogram, we should not have found the clear, however far we had carried the process:

```
                     K W Z C V M . . .

                     L X A D W N

                     M Y B E X O

                     N Z C F Y P

                     O A D G Z Q

                     P B E H A R

                     Q C F I B S
                        (etc.)
```

If the reader doubts this, he is asked to complete the 'running down' process shown above. By converting the cryptogram, using a pair of *inverse* alphabets, we have, in fact, turned it into a cryptogram, which has been enciphered by a pair of normal Caesar alphabets:

a b c d e f g h i j k l m n o p q r s t u v w x y z
W X Y Z A B C D E F G H I J K L M N O P Q R S T U V

Where the order of the letters is not normal, reciprocal alphabets cannot be solved by the method of 'running down' the alphabet. They all have one weakness, however, in that, whenever one letter is identified, another is immediately solved. Thus, if Q is identified as *e*, then E will represent *q*.

2.8 Simple substitution has one great weakness. The 'pattern' of a word like OPPORTUNITY stands out just as clearly in the encipherment. If this word is enciphered, using the following key:

C A N T E R B U Y D F G H
I J K L M O P Q S V W X Z

OPPORTUNITY becomes RBBROLQKCLS. Note that the pattern OPPO- is repeated in the cipher: RBBR-. Using the pattern of probable words, such as ATTACK or BATTALION, can be a very powerful weapon in solving simple substitution ciphers.

2.9 Frequency counts

If a frequency count is made of the letters in several different passages of normal English, the results will be found to contain some striking similarities. To illustrate this three passages were taken at random from some books that happened to be at hand. The first passage of 562 letters was from *War and Peace* by Leo Tolstoy. The other two passages of 428 and 233 letters respectively were taken from the *Teach Yourself Concise Encyclopedia of General Knowledge*. The frequency counts are given on page 26.

The first thing we notice is that there is a pronounced highfrequency group in each table, consisting largely of the same nine or ten letters:

Table 1: E A N O H T I S D R

Table 2: E I T O N R S A H

Table 3: E A T I N R D H S

The first two tables have the same nine letters in the lead E, A, N, O, H, T, I, S and R (in a slightly different order), and these same

War and Peace 1		T.Y.C.E. (1) 2		T.Y.C.E. (2) 3	
E	70	E	50	E	31
A	55	I	44	A	25
N	45	T	43	T	23
O	40	O	36	I	22
H	40	N	31	N	17
T	39	R	25	R	13
I	38	S	25	D	13
S	36	A	24	H	12
D	31	H	17	S	12
R	29	L	16	C	10
M	19	U	15	O	8
W	17	D	13	L	7
U	15	F	12	W	7
Y	13	C	12	U	6
L	12	P	12	G	5
F	12	W	12	P	5
G	10	M	10	M	4
P	10	Y	7	Y	4
V	9	G	6	Z	3
C	9	B	6	B	2
K	7	K	4	F	2
B	6	V	3	K	1
J	—	Z	2	V	1
Q	—	J	1	J	—
X	—	Q	1	Q	—
Z	—	X	1	X	—
Total no. of letters	562		428		233

letters lead the frequency count in Table 3, with the exception that the letter o has strayed down into the medium-frequency group.

In a count of 10 000 letters of English text, the leading nine letters, arranged in descending order of frequency, are:

E T A O N I S R H

and these letters tally with those we have just found to head the

SIMPLE SUBSTITUTION

frequency counts of the three passages mentioned above—passages, incidentally, considerably shorter than the long sample of 10 000 letters. Now this is proof of the remarkable consistency of the occurrence of letters in the English language. Reduced to percentages, the letters in descending order of frequency in English are:

High-frequency group		Medium-frequency group		Low-frequency group	
E	12·3%	L	4·0%	B	1·6%
T	9·6%	D	3·7%	G	1·6%
A	8·1%	C	3·2%	V	0·9%
O	7·9%	U	3·1%	K	0·5%
N	7·2%	P	2·3%	Q	0·2%
I	7·2%	F	2·3%	X	0·2%
S	6·6%	M	2·2%	J	0·1%
R	6·0%	W	2·0%	Z	0·1%
H	5·1%	Y	1·9%		

In addition, it has been established that the first nine letters in the high-frequency group account for about 70% of any given text in English. E is the most frequent letter in the English language, also in German, French, Italian and Spanish, and the next most frequent letter, after A, in Portuguese. Of course, different texts may produce slightly higher or lower counts for E, and occasionally it is replaced in English at the top of the frequency count by T. At the bottom, notice the letters B, G, V, K, Q, X, J and Z, with Q, X, J and Z being very rare.

2.10 Now, let us see if we can use this knowledge to some practical effect. Suppose we are presented with the following cryptogram, which preserves the word division of the original clear message:

AX LG DPQO IEIAO DN DKG JNOVDADPDANOIW KAVDNQM NX
GOEWIOT XQNY DKG IJJGVVANO NX GTLIQT DKG XAQVD LG XAOT
I UQNEQGVV OND WGVV QGIW ZPD JKGRPGQGT LADK TIQHGQ
SAJAVVADPTGV DKIO DKG UQNEQGVV NX NPQ DNLOV.

First, we make a frequency count of each letter, making a tally against each letter as it occurs in the cryptogram. The fifth tally

against any particular letter is made in reverse to make it easier
to count up the total on each line.

A	𝍪 𝍪 //	12
B		—
C		—
D	𝍪 𝍪 𝍪 //	17
E	////	4
F		—
G	𝍪 𝍪 𝍪 ///	18
H	/	1
I	𝍪 𝍪	10
J	𝍪	5
K	𝍪 ///	8
L	𝍪	5
M	/	1
N	𝍪 𝍪 ///	14
O	𝍪 𝍪 /	11
P	𝍪 /	6
Q	𝍪 𝍪 ////	14
R	//	1
S	/	1
T	𝍪 //	7
U	//	2
V	𝍪 𝍪 𝍪	15
W	////	4
X	𝍪 //	7
Y	/	1
Z	/	1

Total 165 letters

In descending order of frequency, we have:

G	D	V	N	Q	A	O	I	K	T	X	P	J
18	17	15	14	14	12	11	10	8	7	7	6	5

L	E	W	U	H	M	R	S	Y	Z	B	C	F
5	4	4	2	1	1	1	1	1	1	—	—	—

Now, it might be thought that all we have to do to solve the

SIMPLE SUBSTITUTION

cryptogram is to equate the cipher letters above with the letters of normal English arranged in descending order of frequency. Let us try it and see what happens:

Clear
alphabet: e t a o n i s r h l d c u p f m w y b g v k q x j z
Cipher
alphabet: G D V N Q A O I K T X P J L E W U H M R S Y Z B C F

Substituting in the opening words of the cryptogram, we have:

  Cipher: AX LG DPQO IEAIO DN DKG JNOVDADPDANOIW
  Trial clear: ID PE TCNS RFRIS TO THE UOSATITCTIOSRM

This is obviously not going to work. However, we notice that G as *e*, D as *t*, N as *o* and K as *h* do make sense in the fifth and sixth cipher groups: TO THE. Let us write out the cryptogram, leaving a double space between the lines to fill in the tentative values we have assumed for G, D, N and K:

```
 1  2    3    4     5   6     7              8      9
AX LG DPQO IEIAO DN DKG JNOVDADPDANOIW KAVDNQM NX
   e  t          to the   o  t  t  o     h to   o

 10     11   12    13     14   15    16   17   18
GOEWIOT XQNY DKG IJJGVVANO NX GTLIQT DKG XAQVD LG
              o  the          o  o   e   the    t e

19 20      21      22    23    24  25       26    27
XAOT I UQNEQGVV OND WGVV QGIW ZPD JKGRPGQGT LADK
   o e           o e  ot    e      e   t  h e  e    th

   28        29    30  31         32  33  34   35
TIQHGQ SAJAVVADPTGV DKIO DKG UQNEQGVV NX NPQ DNLOV
   e         t  e  th  the     o  e    o  o    to
```

Group 22 OND (–ot) must represent *not*, giving O = *n*. Group 9 NX (o–) must be *of* or *or*. Now *f*, according to the table of frequencies in §2.9, has a frequency of 2.3%, while *r* is in the high-frequency group with a frequency of 6%. The X in group 9 occurs seven times in 165 letters, that is a frequency of 4%, so it could represent either *f* or *r*. Let us assume X = *f*. Group 27 LADK (– – th) could be *with*, giving two more letters: L = *w* and

A = *i*. This is confirmed by our frequency count. L occurs in the medium-frequency group, agreeing with *w*, and A in the high-frequency group, agreeing with *i*.

So we proceed, filling in the new values we have discovered:

```
1   2    3     4      5    6    7                  8        9
AX  LG  DPQO  IEIAO   DN   DKG  JNOVDADPDANOIW    KAVDNQM  NX
If  we   t    n      in to the  on tit tion l     hi to    of

    10      11    12     13        14   15     16    17      18
GOEWIOT   XQNY   DKG   IJJGVVANO   NX  GTLIQT  DKG  XAQVD    LG
 en        n f o  the    e  ion   of  e w     the  fi t     we

19 20            21     22     23     24 25            26      27
XAOT  I         UQNEQGVV  OND  WGVV   QGIW ZPD        JKGRPGQGT LADK
 in     o         e     not    e      e     t         he e     with

 28            29           30    31         32 33      34    35
TIQHGQ       SAJAVVADPTGV  DKIO  DKG        UQNEQGVV   NX  NPQ DNLOV
  e           i i  it  e    thn  the          o  e    of o    town
```

Group 30 DKIO (th–n) could be *then* or *than*. But G = *e*, so DKIO = *than*, giving I = *a*.

Let us list all the groups with I in them and add the value just found, I = *a*.

```
    4              7           10         13        15       28
IEIAO       JNOVDADPDANOIW   GOEWIOT   IJJGVVANO  GTLIQT   TIQHGQ
 a ain       on tit tional     n        an a e    ione wa   a  e
```

Group 4 looks like *again*, giving another letter: E = *g*. Group 10 now reads GOEWIOT (eng–an–), which must surely be *England*. So W = *l* and T = *d*.

Our partially-recovered key now looks like this:

Clear: a b c d e f g h i j k l m n o p q r s t u v w x y z
Cipher: I   T G   E   A   H W   O N   D   L F

The cryptogram, with all known values filled in, will look like this:

```
1   2    3     4      5    6    7                  8        9
AX  LG  DPQO  IEIAO   DN   DKG  JNOVDADPDANOIW    KAVDNQM  NX
If  we   t    n again to   the   on tit tional    hi to    of
```

SIMPLE SUBSTITUTION

10	11	12	13	14	15	16	17	18
GOEWIOT	XQNY	DKG	IJJGVVANO	NX	GTLIQT	DKG	XAQVD	LG
England	f o	the	a e	ion	of	edwa d	the	fi t we

19	20	21	22	23	24	25	26	27
XAOT	I	UQNEQGVV	OND	WGVV	QGIW	ZPD	JKGRPGQGT	LADK
find	a	og e	not	le	eal	t he	e ed	with

28	29	30	31	32	33	34	35
TIQHGQ	SAJAVVADPTGV	DKIO	DKG	UQNEQGVV	NX	NPQ	DNLOV
da e	i i it de	than	the	og e	of o		town

Group 7 JNOVDADPDANOIW (–on–tit–tional) must be *constitutional*, so J = *c*, V = *s* and P = *u*. Group 21 UQNEQGVV (––og–ess) suggests the word *progress*, giving U = *p* and Q = *r*. Inserting Q = *r* in group 3 DPQO (t–rn), we can guess the word must be *turn*; hence P = *u*. The plaintext now reads:

If we turn again to the constitutional histor– of England fro– the accession of Edward the First we find a progress not less real –ut che–uered with dar–er –icissitudes than the progress of our towns.

The reader should have no difficulty in completing the text by inspection. For example, *histor–* must be *history*. The complete key is:

Clear: a b c d e f g h i j k l m n o p q r s t u v w x y z
Cipher: I Z J T G X E K A C H W Y O N U R Q V D P S L F M B

This cipher key is an example of *reciprocal* alphabets (see §2.4), A = *i*, and I = *a*. We could have used this fact earlier to shorten the solution, since every new letter identified automatically gives the solution of another letter. Thus, when we found X = *f*, we could have written down F = *x*.

The key could be shortened to:

A B C D E F H L M N P Q S

I Z J T G X K W Y O U R V

which can be used both for enciphering and for deciphering. The cipher alphabet was, in fact, generated by using the keyword TEACH YOURSELF. The second E in YOURSELF is omitted, so the

Contact Frequency Table I

A	FHJY / RJER	4/6	O	TVKIBEVHEF / HTIBPVHTF+	10/9
B	PLPBOPM / RYBROPY	7/8	P	RVYZWRCTFHCOFB / BEJVHVTBHKTTBJ	19/15
C	RLLLL / RKPPKK	6/4	Q	JPHFT / PHFVT	—
D		—	R	YZBZYCKHEZHZEZ / TPJYCTHKVZLWPE	27/16
E	FKPVRLKRAVRRMRRK / YRJRRVRLOLLTNVRO	16/13	S	EBNEAVKNZZEA / GNYLEETVEEHK	—
F	+LFYMTPO / EFLPAPPO	8/10			
G	RL / LH	2/3			

H	O R M T P V P H T O G P R / Z R R V L H P A Z O P Z	T	R R L O P P O L E P R / O K H N P M H F K P Y K	13/11		12/11

Letter	Contacts	Count	Letter	Contacts	Count
H	O R M T P V P H T O G P R / Z R R V L H P A Z O P Z	13/11	T	R R L O P P O L E P R / O K H N P M H F K P Y K	12/11
I	O / O	1/1	U		—
J	R E P A P K / V V A P W	6/7	V	J R J Y H J P H P N E O Z P V R E / Z P L Z L Z Z E O Z H O E V R Z Z	17/11
K	T R C P C C T T R / R E L E O L R J E	9/8	W	R J / P Z	2/4
L	V Z R K F V G H R E E L E K Z / B M C F T Y E C C L G C T M	15/14	X		—
M	L T Y L / H F E B	4/7	Y	E R B L R T B / R R V P F M A	7/10
N	T R E / V R R	3/4	Z	H V V R V V V H W V V H / R R R L P R R V R R R L	12/6

This table shows, for example, that A occurs four times, contacting six different letters. $\frac{F}{R}$ means that A is preceded by F and followed by R.

Contact Frequency Table II

	I	W	G	N	M	C	A	J	Y	B	F	K	O	Z	T	H	L	E	V	P	R	
R	I	W	G̅	N̅	M	C̅	‖A	J	Y̅	‖B‖	‖F‖	K̅‖	O	‖‖Z̅	T‖	H̅‖	L	E‖‖	V‖	P‖	R	27
P	I	W̅	G	N	‖C‖	L̅	A	Y	B̅‖	‖F̅	K‖	O‖	Z	T‖‖	H̅‖	L	E	V‖	P‖	R‖		19
V	I	G	N	M	C	A	‖‖J	Y̅	B	F	K‖‖	O̅‖	Z̅‖‖	T	‖L̅H	L‖	‖E‖	V	‖P‖	‖R‖		17
E	I	G	N	M̅	C	A̅	J	Y	B	F̅	‖‖K	O‖	N	T‖	‖H	L‖‖	E	‖‖V	P‖	R̅‖		16
L	I	W	G̅	N	M̅	A̅	J	Y	B	F̅	‖K̅	O	‖Z	T̅‖	H̅‖	L‖	‖E‖	‖V	P	‖R		15
H	I	W	G̅	N	M̅	A̅	J	Y	B	F	K	O̅‖	Z‖‖	T̅‖	H̅‖‖	L‖	E	V‖	‖P‖	‖R‖		13

SIMPLE SUBSTITUTION

T	R̄	P̄	V	Ē	L̄	H̄	T	Z	Ō	K	F̄	B	Y	J	A	C	M̱	N̲	G	W	I	12
N	Ṟ	P̱	V̄	E	L̄	H̄	T	Z	O	K	F̄	B	Y	J	A	C	M	N	G	W̄	I	12
O	R	P̄	V̄	Ē	L	H̄	T̄	Z	O	K̄	F̄	B̄	Y	J	A	C	M	N	G	W	Ī	10
K	R̄	P̄	V	Ē	L̄	H	T	Z	Ō	K	F	B	Y	J	A	C̄	M	N	G	W	I	9
F	R	P̄	V	Ē	L̄	H	T̄	Z	Ō	K	F̄	B	Ȳ	J	A̱	C	M̄	N	G	W	I	8

This table gives the same information as Table I for the top eleven letters (in descending order of frequency) as against the letters of the alphabet (again in descending order of frequency). The bars above a letter indicate the number of times that particular letter precedes the letter in column one and the bars below show the number of times that particular letter follows it. For example, v precedes r once and follows it twice; e precedes r five times and follows it six times.

keyword becomes TEACH YOURSLF and the remainder of the alphabet completes the key:

```
T E A C H Y O U R S L F B
D G I J K M N P Q V W X Z
```

A simple way of generating a cipher key using a keyword is as follows. Suppose the keyword chosen is MANCHESTER. Write out the keyword, followed by the full alphabet. Then, starting from left, strike out any repeated letters:

```
M A N C H E̸ S T E̸ R A̸ B C̸ D E̸ F G H̸
I J K L M̸ N̸ O P Q R̸ S̸ T̸ U V W X Y Z
```

The letters remaining are now written down in two groups of thirteen letters:

```
M A N C H E S T R B D F G
I J K L O P Q U V W X Y Z
```

2.11 Contact frequency tables

Next to the frequency of single letters, the contacts that each letter makes are worthy of study. Certain letters have definite affinities for each other. For example, the letter *t* is often found closely associated with *h*. Suppose we are asked to solve the following cryptogram:

```
F E Y R T    O H Z R P    B R J V Z    R Y R C R
T K R H R    K E R V P    E J V L B    Y V Z R Z
L M H R L    C K L F F    L T H V L    Y P J V Z
P V Z R W    P H V E R    P V O T N    V Z R E R
G L E V H    L C P T P    B B R N R    Y F P H H
P K E R L    C P T M F    A R E L C    K O I O B
O P T H A    J A E O V    O H Z V E    L L G H O
T F P B P    J P P H P    F P V V R    E L C K L
T K R E T    P T Y M E    N R T K J    W Z R V Z
R E V Z R    E R H Z L    M B Y A R    K E O F O
```

SIMPLE SUBSTITUTION

We construct a contact frequency table by listing opposite each letter of the alphabet the letters that precede and follow it in the cryptogram (see pages 32 and 34).

Let us list from Table II all bigrams occurring four or more times:

RE 6, PT 4, VZ 7, LC 5, ER 5, ZR 8,

or, arranging them in descending order of frequency:

ZR 8, VZ 7, RE 6, LC 5, ER 5, PT 4.

We now extract from the cryptogram each of these bigrams with its following letter, thus obtaining the following trigrams:

ZRP	ZRY	ZRZ	ZRW	ZRE	ZRV	ZRE	ZRE	8
VZR	VZR	VZP	VZR	VZR	VZR	VZR		6
RER	REL	REL	RET	REV	RER			6
LCK	LCP	LCP	LCK	LCK				5
ERV	ERP	ERG	ERL	ERH				5
PTP	PTM	PTH	PTY					4

To summarize: ZRE 3, RER 2, REL 2, VZR 6, LCK 3, LCP 2, the remaining trigrams occurring only once. The most frequent trigram is VZR, which occurs six times. The order of frequency of the leading trigrams in normal English is:

THE, AND, THA, ENT, ION, TIO, FOR, NDE, HAS, NCE

If we assume that VZR represents *the*, we can fill in these values in the cryptogram:

```
        1              2              3              4
    F E Y R T      O H Z R P      B R J V Z      R Y R C R
        e              h e            e t h        e   e   e

        5              6              7              8
    T K R H R      K E R V P      E J V L B      Y V Z R Z
      e   e          e t            t                t h e h
```

9	10	11	12
L M H R L	C K L F F	L T H V L	Y P J V Z
e		t	t h

13	14	15	16
P V Z R W	P H V E R	P V O T N	V Z R E R
t h e	t e	t	t h e e

17	18	19	20
G L E V H	L C P T P	B B R N R	Y F P H H
t		e e	

21	22	23	24
P K E R L	C P T M F	A R E L C	K O I O B
e		e	

25	26	27	28
O P T H A	J A E O V	O H Z V E	L L G H O
	t	h t	

29	30	31	32
T F P B P	J P P H P	F P V V R	E L C K L
		t t e	

33	34	35	36
T K R E T	P T Y M E	N R T K J	W Z R V Z
e		e	h e t h

37	38	39	40
R E V Z R	E R H Z L	M B Y A R	K E O F O
e t h e	e h	e	

Let us examine groups

    12   13
Y P J V Z P V Z R V
    t h   t h e

P looks as if it must represent a vowel in

Y P J V Z P V Z R V
. . . t h . t h e .

It occurs nineteen times in the cryptogram, coming second to R. In normal English, the most frequently occurring letters are E, T, A, O, N . . ., so P most probably represents *a* or *o*. P = *a* gives

SIMPLE SUBSTITUTION

... *that he* . in the above groups, which seems pretty conclusive. The groups

```
        31          32
      F P V V R   E L C K L
      a t t e
```

suggest that . *atte* . may represent the word *matter*, giving two more identifications: F = *m* and E = *r*. F occurs eight times in the cryptogram (Table II) and falls in the medium-frequency group, agreeing with *m*, which also falls in the medium-frequency group in clear English. E, occurring sixteen times, is in the high-frequency group, corresponding to plaintext *r*, also a member of the high-frequency group in normal English. If we fill in the values P = *a*, F = *m* and E = *r* in the cryptogram, we may go on to examine other groups with partially-solved clearwords under them:

```
        1           2           3           4
    F E Y R T   O H Z R P   B R J V Z   R Y R C R
    M r   e       h e a     e   t h     e   e   e

        5           6           7           8
    T K R H R   K E R V P   E J V L B   Y V Z R Z
        e   e     r e t a   r   t           t h e h

        9          10          11          12
    L M H R L   C K L F F   L T H V L   Y P J V Z
          e           m m       t             a   h

       13          14          15          16
    P V Z R W   P H V E R   P V O T N   V Z R E R
    a t h e     a   t r e   a t         t h e r e

       17          18          19          20
    G L E V H   L C P T P   B B R N R   Y F P H H
        r   t       a   a   e   e         m a

       21          22          23          24
    P K E R L   C P T M F   A R E L C   K O I O B
    a   r e       a   m     e r

       25          26          27          28
    O P T H A   J A E O V   O H Z V E   L L G H O
      a             r t       h t r
```

	29	30	31	32
	T F P B P	J P P H P	F P V V R	E L C K L
	m a a	a a a	m a t t e	r

	33	34	35	36
	T K R E T	P T Y M E	N R T K J	W Z R V Z
	e r	a r	e	h e t h

	37	38	39	40
	R E V Z R	E R H Z L	M B Y A R	K E O F O
	e r t h e	r e h	e	r m

Groups 5–7 read:

	5	6	7
	T K R H R	K E R V P	E J V L B
	. . e . e	. r e t a	r . t . .

.e.retar. looks very much like *secretary*, so we have three more letters identified: H = *s*, K = *c* and J = *y*. If we fill in these new values under the cryptogram, groups 29–33 now read:

	29	30	31	32	33
	T F P B P	J P P H P	F P V V R	E L C K L	T K R E T
	. m a . a	y a a s a	m a t t e	r . . c .	. c e r .

ma.ayaasamatter..c..cer. could read *Malaya as a matter of concern*. So B = *l*, L = *o*, C = *f* and T = *n*. The cryptogram, with the solution so far, now reads:

	1	2	3	4
	F E Y R T	O H Z R P	B R J V Z	R Y R C R
	M r e n	s h e a	l e y t h	e e f e

	5	6	7	8
	T K R H R	K E R V P	E J V L B	Y V Z R Z
	n c e s e	c r e t a	r y t o l	t h e h

	9	10	11	12
	L M H R L	C K L F F	L T H V L	Y P J V Z
	o s e o	c o m m	o n s t o	a y t h

	13	14	15	16
	P V Z R W	P H V E R	P V O T N	V Z R E R
	a t h e	a s t r e	a t n	t h e r e

SIMPLE SUBSTITUTION

17	18	19	20
G L E V H	L C P T P	B B R N R	Y F P H H
o r t s	o f a n a	l l e e	m a s s

21	22	23	24
P K E R L	C P T M F	A R E L C	K O I O B
a c r e o	f a n m	e r o f	l

25	26	27	28
O P T H A	J A E O V	O H Z V E	L L G H O
a n s	y r t	s h t r	o o s

29	30	31	32
T F P B P	J P P H P	F P V V R	E L C K L
n m a l a	y a a s a	m a t t e	r o f c o

33	34	35	36
T K R E T	P T Y M E	N R T K J	W Z R V Z
n c e r n	a n r	e n c y	h e t h

37	38	39	40
R E V Z R	E R H Z L	M B Y A R	K E O F O
e r t h e	r e s h o	l e	c r m

The reader may like to try his hand at completing the solution, using the methods described in this chapter.

PROBLEMS

Caesar ciphers

1. S M L Z G   J O S F L   K K W U D   M V W V Z
   G M K W O   A L Z Y S   J V W F H   J G N W F   U N

2. C P I Y M   Z Y N J A   K Z J K G   Z C V Q Z
   Y M Z V H   Z Y V W J   P O O M V   I N A J M
   H V O D J   I J A O C   Z Z G Z H   Z I O N

3. A O H A U   H A E C X   H U J Y H   P I S

4. X Z R I M   G T F X L   L T W T M   M H L N W
   X X V V G   T L L X K

Inverse alphabets

5. P B O X L   H Y Y X K   M H M T D   X H O X K
   I N F I L

6. A X O B T   B S A O R   J S R S D   O B Q B N
   N L G B M   M B

7. V T O R J   N T V K K   V U H E V   C H E X B
   I S R E C   O R J N T   E H D T H   G R

8. Z C P W Y   L O I K Q   O P S Y E   Y K A C N   Y K

9. N W Q L P   N W M Q R   A N M Z N   A A X Q M
   L E Y A M

Transposition mixed cipher alphabets

10.

S T F Y W	Y V P T S	Y R I A T	V F O S C	F Y Y S T
O B J F T	D R W Y R	S C K Y Q	R Y W C D	J C D D J
T O I Y R	H J T I Y	F T K T W	Y R S C S	Q V Y I F
T V Y I O	H J C J T	O I Y I R	G P Y C V	I C B T R
F R I I R	F O C F Y	Q C F F J	Y I T O F	J Y V S Y
S Q T A F	J Y W R D	D C B Y I	F V Y Y F	C F C Q R
I J C K H	V T U S E	T I F I R	S B D Y S	T T N I T
V T C N M	Y C K I C	V Y J R I	F T V P Y	S T O B J
A T V K T	I F E Y T	E D Y M O	F U J Y S	R H C K Y
F T V Y I	Y C V H J	R S F T F	J Y D R W	Y I T A F
J Y E V Y	W R T O I	T H H O E	R Y V I T	A F J Y J
T O I Y R	O S Y C V	F J Y Q C	W C I F C	K T O S F

Use the methods described in §2.11. First, make a contact frequency table in the form of Table I (see page 32). This can then be used to construct a second frequency table in the form of Table II (see page 34).

3 Multiple-alphabet Substitution Ciphers

3.1 The fact that simple substitution ciphers were vulnerable led to the idea of trying to suppress the frequencies of the more common letters by using variants for them in the cipher alphabets. We have a good example of this in the cipher alphabet used in the Elizabethan cryptogram discussed in Chapter 10:

Clear: a b c d e f g h i j k l m
Cipher: △ L ⌘ d a 6 c ð 8   g 𝒟 p
       ⊡ + ɗ å B C ð: x   𝒟 ⌒
       q   ð ä B   ε
       ɋ   ã 6
           ā

		Nulls
Clear: n o p q r s t u v w x y z		(or dummies)
Cipher: r n ž ћ A ʋ–i U ω 2 x		6 T ʃ st
<u>n</u> ħ v ʋ+i ҽ		∞ ‖ I
v l ɡ		4 8
u		
ü		

The letter *e*, which is the most frequent in English, has five different symbols assigned to it, the letter *a* has four, *t* three and *s* four, while other letters have two or three variant cipher letters. In addition, to confuse the cryptographer, as many as six *nulls* (or dummy letters) are used indiscriminately throughout the text in order to throw one off the scent.

As we have seen, even this type of cipher yields to a determined attack, using frequency counts and probable words (two-letter and longer), and once a toe-hold has been obtained the rest is merely a matter of dogged perseverance. The variants can also be linked by the method of comparing similar cipher groups, which differ in only one or two letters and which, therefore, are presumed to represent the same word in the original message:

6 h ☐ ʄ r u 8 a i
B h ☐ l r u ⧺ a ν

From these two similar groups, which must represent the same word, we deduce that *6* and *B* are variants for the same clear letter; similarly with *ʄ* and *l*, *8* and *⧺*, *i* and *ν*.

Two other groups lead to further identifications:

ω ε Ɖ ℘ ∆ ⨿
∞ ω 6 8 Ɖ ℘ 4 ꝗ ⨿

∞ and *6* or *8* are nulls, and *∆* and *4* or *ꝗ* represent the same clear letter.

3.2 The next logical step from the simple substitution cipher and the single alphabet with variants was to devise a method of using a different cipher for each letter of the clear. This was achieved by means of what is known as a *Vigenère square*.

The alphabet across the top is the *clear* alphabet and the one down the side is the *key* alphabet, indicating which cipher alphabet is to be used against a particular key letter. A *keyword* or *key phrase* is chosen, say THOMAS BECKET. This is written above the clear message, being repeated a sufficient number of times to cover the whole text:

    Key: T H O M A S B E C K E T
    Clear: C a n t e r b u r y i s
    Cipher: V H B F E J C Y T I M L
    Key: T H O M A S B E C K E T . . .
    Clear: c e l e b r a t i n g t . . .
    Cipher: V L Z Q B J B X K X K M . . .

It will be noticed that each of the alphabets in the Vigenère

The Vigenère table

```
  A B C D E F G H I J K L M N O P Q R S T U V W X Y Z

A A B C D E F G H I J K L M N O P Q R S T U V W X Y Z
B B C D E F G H I J K L M N O P Q R S T U V W X Y Z A
C C D E F G H I J K L M N O P Q R S T U V W X Y Z A B
D D E F G H I J K L M N O P Q R S T U V W X Y Z A B C
E E F G H I J K L M N O P Q R S T U V W X Y Z A B C D
F F G H I J K L M N O P Q R S T U V W X Y Z A B C D E
G G H I J K L M N O P Q R S T U V W X Y Z A B C D E F
H H I J K L M N O P Q R S T U V W X Y Z A B C D E F G
I I J K L M N O P Q R S T U V W X Y Z A B C D E F G H
J J K L M N O P Q R S T U V W X Y Z A B C D E F G H I
K K L M N O P Q R S T U V W X Y Z A B C D E F G H I J
L L M N O P Q R S T U V W X Y Z A B C D E F G H I J K
M M N O P Q R S T U V W X Y Z A B C D E F G H I J K L
N N O P Q R S T U V W X Y Z A B C D E F G H I J K L M
O O P Q R S T U V W X Y Z A B C D E F G H I J K L M N
P P Q R S T U V W X Y Z A B C D E F G H I J K L M N O
Q Q R S T U V W X Y Z A B C D E F G H I J K L M N O P
R R S T U V W X Y Z A B C D E F G H I J K L M N O P Q
S S T U V W X Y Z A B C D E F G H I J K L M N O P Q R
T T U V W X Y Z A B C D E F G H I J K L M N O P Q R S
U U V W X Y Z A B C D E F G H I J K L M N O P Q R S T
V V W X Y Z A B C D E F G H I J K L M N O P Q R S T U
W W X Y Z A B C D E F G H I J K L M N O P Q R S T U V
X X Y Z A B C D E F G H I J K L M N O P Q R S T U V W
Y Y Z A B C D E F G H I J K L M N O P Q R S T U V W X
Z Z A B C D E F G H I J K L M N O P Q R S T U V W X Y
```

square is a 'Caesar' sliding alphabet, since each alphabet has shifted over one letter to the left of the one above. It is quite simple to encipher a letter by means of the Vigenère square. To encipher the letter *c*, find this letter in the clear alphabet at the top of the square, run the eye down the column under it until you come opposite the key letter, in this case T, and read off the cipher letter at the intersection:

```
      A B©D E . . . . .

A     A B C D E . . . . .
B     B C D E F . . . . .
C     C D E F G . . . . .
etc.
.
..
.
R     R S T U V . . . . .
S     S T U V W . . . . .
Ⓣ     T U Ⓥ W X . . . . .
```

The process can be expressed quite simply as an addition process. The clear-letter c has been represented by the cipher-letter v, these two letters being the same distance apart in the alphabet as the key-letters A and T. When we encipher the word *Canterbury* with the key THOMAS BECKET, we are, in fact, performing a simple addition sum in a notation of twenty-six.

To decipher we simply reverse the process of encipherment. To find the clear letter corresponding to the cipher-letter v with key-letter T, we locate T in the key alphabet down the side and run along the cipher alphabet opposite until we reach v, and then upwards from v to the letter c in the clear alphabet at the top. This process is repeated for each letter of the cryptogram, using the appropriate key letter to find the clear. Mathematically, decipherment is subtraction of the key from the cipher to arrive at the original clear:

$$\text{Key} + \text{Clear} = \text{Cipher (encipherment)}$$
$$\text{Cipher} - \text{Key} = \text{Clear (decipherment)}$$
and
$$\text{Cipher} - \text{Clear} = \text{Key}$$

We can use the last formula to find fragments of key where we suspect that a certain word has been used. To obtain this key we try the probable word in every position under the cryptogram, starting with the first letter of the probable word under the first letter of the cryptogram. Suppose the probable word is ARTIFICIAL, which we suspect occurs in the following cryptogram:

```
          L W Y K R    K Y F S U    K G Q P A    R C T Y A

          K L T F E    V B O U P    L J V M N    F C V H N

          Z N N P L    B B C C K    R C X A B    S X X W B

          A A D J J    G X A B C
```

We write out the opening groups:

```
        L W Y K R K Y F S U K G Q P A R C T Y A K L T F E . . .

A       L W Y K R K Y F S U K G Q P A R C T Y A K L T F E . . .
R         F H T A T H O B D T P Z Y J A L C H J T U C O N . . .
T           F R Y R F M Z B R N X W H Y J A F H R S A M L . . .
I             C J C Q X K M C Y I H S J U L Q S C D L X W . . .
F               M F T A N P F B L K V M X O T V F G O A Z . . .
I                 C Q X K M C Y I H S J U L Q S C D L X W . . .
C                   A D Q S I E O N Y P A R W Y I J R D C . . .
I                     X K M C Y I H S J U L Q S C D L X W . . .
A                       S U K G Q P A R C T Y A K L T F E . . .
L                         J Z V F E P G R I N P Z A I U T . . .
```

The first letter A of the probable word has been used to decipher the whole of the top line of cipher letters; similarly with the next letter R, and so on down to L. The letters are then read diagonally downwards to give a fragmentary key. Thus LFFCMCAXSJ is the key, resulting from the assumption that the probable word ARTIFICIAL occurs right at the opening of the message. The next diagonal group WHRJFQDKUZ is the fragmentary key, where ARTIFICIAL is in the second position. We examine these diagonals until we come to one that makes some kind of sense and, possibly, *shows repetition*. The only diagonal to do this is UTNIKSPUTN. Notice the repeated UTN. If we carry on from there we get UTNIKSPUTNIK and we realize that we have found the keyword SPUTNIK, with a period of seven before the keyword begins to repeat itself. To decipher the cryptogram we now write out the keyword (repeated as often as is necessary) above the cryptogram and, using the Vigenère square, read off the clear:

Key: S P U T N I K S P U T N I K S P U T N . . .
Cipher: L W Y K R K Y F S U K G Q P A R C T Y . . .
Clear: T h e s e c o n d a r t i f i c i a l . . .

3.3 The Gronsfeld cipher

We have seen that encipherment by the Vigenère square is an addition process and that decipherment is subtraction. The Gronsfeld cipher uses a number key instead of a keyword. To encipher T, using the key 3, we count forward from T to arrive at W, which becomes its cipher equivalent. Similarly, H, with key 4, becomes L.

```
Key:    3 4 8 0 9 1 . . .
Clear:  T h o m a s . . .
Cipher: W L W M J Y . . .
```

Decipherment reverses this process. To decipher W with key 3 we count three places back from W to arrive at T. Since only ten digits are used, the Gronsfeld cipher is a limited form of the Vigenère, and the latter may be used by taking the first ten alphabets under the clear alphabet and numbering the key letters down the side from 0 to 9:

The Gronsfeld table

```
   A B C D E F G H I J K L M N O P Q R S T U V W X Y Z

0  A B C D E F G H I J K L M N O P Q R S T U V W X Y Z
1  B C D E F G H I J K L M N O P Q R S T U V W X Y Z A
2  C D E F G H I J K L M N O P Q R S T U V W X Y Z A B
3  D E F G H I J K L M N O P Q R S T U V W X Y Z A B C
4  E F G H I J K L M N O P Q R S T U V W X Y Z A B C D
5  F G H I J K L M N O P Q R S T U V W X Y Z A B C D E
6  G H I J K L M N O P Q R S T U V W X Y Z A B C D E F
7  H I J K L M N O P Q R S T U V W X Y Z A B C D E F G
8  I J K L M N O P Q R S T U V W X Y Z A B C D E F G H
9  J K L M N O P Q R S T U V W X Y Z A B C D E F G H I
```

Thus to encipher P with key 8 we find P in the top alphabet and run down the column until we come to the alphabet opposite key 8, where we find X. To decipher X with key 8 we run along the cipher alphabet opposite 8 until we locate X and then run upwards to the letter P in the clear alphabet at the top.

MULTIPLE-ALPHABET SUBSTITUTION CIPHERS

Since only ten alphabets are used in the Gronsfeld cipher, the work involved in 'dragging' for probable words or trigrams like THE, AND and -ION is much simpler than with a Vigenère cipher. A given clear letter can only arise from ten cipher letters, so that certain cipher letters are impossible with a given clear letter. For example, the cipher-letter S cannot derive from the E of THE, as there are more than ten places between them in the alphabet.

If we are given the cryptogram:

```
S W E T A    O S G D X    V O K K I    U W V A X
N G U E O    D K Y R B    X J L V W    O E E D S
K B O U H    K U K A E    U C R V Y    N T L S P
```

we can use the probable word or trigram method to find lengths of numerical key. To extract numerical key, using THE as the probable word, we write out a portion of the cryptogram:

```
      S W E T A O S G D X V O K K I U W V A X
T     3   0 7       4 2           1 3 2 7 4
H         7           7 3 3 1
E     0       2         6 6 4


      N G U E O D K Y R B X J L V W O E E D S
T       1         5   8 4       2 3
H     6       7 3       2 4       7
E     9 2   0       6       5 7       0 0
```

The letter T is subtracted from the cipher letters, bearing in mind that any particular cipher letter cannot be more than ten places ahead of its clear letter. Thus cipher-letter S is passed over, since S comes before the letter T in the alphabet, and W, the next cipher letter, gives a key of 3 when T is subtracted. When all possible numerical key has been obtained, the result is examined for runs of adjacent diagonal key. Fragments of possible key are underlined above. 276 and 427 look promising, as we can join them together to give 4276. The distance from key 27 under VO to 27 under JL is twenty-one letters. Therefore the key is twenty-one numbers long (or a factor of 21). Let us see what we get if we strip this fragmentary key 4276 and examine the results of the possible clear at intervals of twenty-one (or factors of this—7 × 3).

```
    S W E T A O S G D X V O K K I U W V A X
4   o s a p w k o c z t r k g g e q s r w t
2   u c r y m q e b v t m i i g s u t y v
7   x m t h l z w q o h d d b n p o t q
6   n u i m a x r p i e e c o q p u r

    N G U E O D K Y R B X J L V W O E E D S
4   j c q a k z g u n x t f h r s k a a z o
2   l e s c m b i w p z v h j t u m c c b q
7   g z n x h w d r k u q c e o p h x x w l
6   h a o y i x e s l v r d f p q i y y x m
```

The fragments of plaintext at intervals of seven from *tthe* under xvok are *arti, sttr, amwe, thep*. Of these, *arti* and *amwe* look promising. ..*arti*.. could be the word *starting*. Let us see what key we get from trying *starting*:

```
      S W E T A O S G D . . .
  s   0
  t       3
  a           4
  r               2
  t                   7
  i                       6
  n                           5
  g                               0
```

The numerical key is 03427650. It might just be that the whole key is there, with the last 0 being a repetition of the first 0, in which case we have a probable key of 0342765 with a period of seven. Let us try it against the opening of the cryptogram:

Key: 0 3 4 2 7 6 5 0 3 4 2 7 6 5 0 3 4 2
Cipher: S W E T A O S G D X V O K K I U W V
Clear: s t a r t i n g a t t h e f i r s t

Key: 7 6 5 0 3 4 2 7 6 5 0 3 4 2 7 6 5
Cipher: A X N G U E O D K Y R B X J L V W
Clear: t r i g r a m w e t r y t h e p r

Evidently we have solved this Gronsfeld cryptogram. The reader may care to complete the solution, using the key 0342765.

3.4 The Beaufort cipher

The Beaufort square consists of twenty-seven alphabets, the first and last letters being repetitions. Each alphabet, as in the Vigenère square, shifts one to the left of its predecessor.

The Beaufort square

```
A B C D E F G H I J K L M N O P Q R S T U V W X Y Z A
B C D E F G H I J K L M N O P Q R S T U V W X Y Z A B
C D E F G H I J K L M N O P Q R S T U V W X Y Z A B C
D E F G H I J K L M N O P Q R S T U V W X Y Z A B C D
E F G H I J K L M N O P Q R S T U V W X Y Z A B C D E
F G H I J K L M N O P Q R S T U V W X Y Z A B C D E F
G H I J K L M N O P Q R S T U V W X Y Z A B C D E F G
H I J K L M N O P Q R S T U V W X Y Z A B C D E F G H
I J K L M N O P Q R S T U V W X Y Z A B C D E F G H I
J K L M N O P Q R S T U V W X Y Z A B C D E F G H I J
K L M N O P Q R S T U V W X Y Z A B C D E F G H I J K
L M N O P Q R S T U V W X Y Z A B C D E F G H I J K L
M N O P Q R S T U V W X Y Z A B C D E F G H I J K L M
N O P P R S T U V W X Y Z A B C D E F G H I J K L M N
O P Q R S T U V W X Y Z A B C D E F G H I J K L M N O
P Q R S T U V W X Y Z A B C D E F G H I J K L M N O P
Q R S T U V W X Y Z A B C D E F G H I J K L M N O P Q
R S T U V W X Y Z A B C D E F G H I J K L M N O P Q R
S T U V W X Y Z A B C D E F G H I J K L M N O P Q R S
T U V W X Y Z A B C D E F G H I J K L M N O P Q R S T
U V W X Y Z A B C D E F G H I J K L M N O P Q R S T U
V W X Y Z A B C D E F G H I J K L M N O P Q R S T U V
W X Y Z A B C D E F G H I J K L M N O P Q R S T U V W
X Y Z A B C D E F G H I J K L M N O P Q R S T U V W X
Y Z A B C D E F G H I J K L M N O P Q R S T U V W X Y
Z A B C D E F G H I J K L M N O P Q R S T U V W X Y Z
A B C D E F G H I J K L M N O P Q R S T U V W X Y Z A
```

3.5 Encipherment in the true Beaufort cipher

To encipher the letter s by key-letter U, find s in the top alphabet, go down the column until U is reached and then turn at right-angles to come out at the side at the cipher-letter C. If we number the letters of the alphabet:

A	B	C	D	E	F	G	H	I	J	K	L	M
0	1	2	3	4	5	6	7	8	9	10	11	12

N	O	P	Q	R	S	T	U	V	W	X	Y	Z
13	14	15	16	17	18	19	20	21	22	23	24	25

we may then express encipherment in the true Beaufort cipher mathematically:

$$\text{Key} - \text{Clear} = \text{Cipher}$$
$$\text{U} - \text{s} = \text{c}$$
$$20 - 18 = 2$$

To decipher C by key-letter U we find C in the top alphabet, go down the column to U and come out at the side to the clear-letter s. Again, this may be expressed mathematically:

$$\text{Key} - \text{Cipher} = \text{Clear}$$
$$\text{U} - \text{c} = \text{s}$$
$$20 - 2 = 18$$

In the Vigenère square the encipherment formula is:

$$\text{Key} + \text{Clear} = \text{Cipher}$$

and the decipherment formula is:

$$\text{Cipher} - \text{Key} = \text{Clear}.$$

3.6 The variant Beaufort

Using the same Beaufort square, we can get a variant of the true Beaufort cipher by taking a different route. To encipher clear-letter s find the key-letter U in the top alphabet, run down the column to the letter s and then out at right-angles to the side to the cipher-letter Y. To decipher find the cipher-letter Y at the top and key-letter U at the side. The clear-letter s is found at the junction of the U line and the Y column. In other words, we add the key to the cipher to obtain clear. This is the same process as encipherment in the Vigenère cipher. The two formulae for the variant Beaufort cipher are:

Encipherment   *Decipherment*
Clear − Key = Cipher   Cipher + Key = Clear

3.7 Comparison of the Vigenère, true Beaufort and variant Beaufort

We may compare these three systems by enciphering the ordinary alphabet on the same key, say D:

1. Vigenère

    Key: D D D D D D D D D D D D D
    Clear: A B C D E F G H I J K L M
    Cipher: D E F G H I J K L M N O P

    Key: D D D D D D D D D D D D D
    Clear: N O P Q R S T U V W X Y Z
    Cipher: Q R S T U V W X Y Z A B C

2. True Beaufort

    Key: D D D D D D D D D D D D D
    Clear: A B C D E F G H I J K L M
    Cipher: D C B A Z Y X W V U T S R

    Key: D D D D D D D D D D D D D
    Clear: N O P Q R S T U V W X Y Z
    Cipher: Q P O N M L K J I H G F E

3. Variant Beaufort

    Key: D D D D D D D D D D D D D
    Clear: A B C D E F G H I J K L M
    Cipher: X Y Z A B C D E F G H I J

    Key: D D D D D D D D D D D D D
    Clear: N O P Q R S T U V W X Y Z
    Cipher: K L M N O P Q R S T U V W

So in the Vigenère cipher the cipher alphabet is slid three places to the left of the clear alphabet (the key-letter D has a numerical value of 3). In the true Beaufort we have a reversed alphabet, slid three places forward under the clear alphabet, and in the variant Beaufort we start at X, which is the reciprocal of the key-letter D, and proceed through the alphabet in the normal order.

3.8 The Porta cipher

The Porta table is made up of thirteen alphabets; the top half in each case consists of the letters A–M and the second half of the letters N–Z. The second half is slid to the left, one letter at a time, so that, for example, the second cipher alphabet has O–Z then N under A–M. The alphabets are indicated by the key letters, which appear in pairs on the left of the table. Either of the two key letters may be used to indicate a particular cipher alphabet:

The Porta table

```
AB   A B C D E F G H I J K L M
     N O P Q R S T U V W X Y Z

CD   A B C D E F G H I J K L M
     O P Q R S T U V W X Y Z N

EF   A B C D E F G H I J K L M
     P Q R S T U V W X Y Z N O

GH   A B C D E F G H I J K L M
     Q R S T U V W X Y Z N O P

IJ   A B C D E F G H I J K L M
     R S T U V W X Y Z N O P Q

KL   A B C D E F G H I J K L M
     S T U V W X Y Z N O P Q R

MN   A B C D E F G H I J K L M
     T U V W X Y Z N O P Q R S

OP   A B C D E F G H I J K L M
     U V W X Y Z N O P Q R S T

QR   A B C D E F G H I J K L M
     V W X Y Z N O P Q R S T U
```

MULTIPLE-ALPHABET SUBSTITUTION CIPHERS

```
ST   A B C D E F G H I J K L M
     W X Y Z N O P Q R S T U V

UV   A B C D E F G H I J K L M
     X Y Z N O P Q R S T U V W

WX   A B C D E F G H I J K L M
     Y Z N O P Q R S T U V W X

YZ   A B C D E F G H I J K L M
     Z N O P Q R S T U V W X Y
```

The Porta table is very simple to use. A word or short phrase is chosen as the key. This is written above the message to be enciphered, being repeated as often as is necessary:

Encipherment

Keyword: L I G H T L I G H T . . .
Message: h e l p n e e d e d . . .
Cipher: Z V̱ O M E W V̱ T U Z . . .

Note that the repeated letter v in the cryptogram may arise from a repetition both in the keyword and in the plaintext. Sometimes this repetition in the cryptogram may be accidental, as in the case of the repeated letter z, which arises from key-letter L and plaintext H, and from key-letter T and plaintext D.

The cipher alphabets are reciprocal. Thus if E = V, then V = E. Since the alphabet is split in two, no letter can be enciphered from its own half of the alphabet. Thus in the thirteen cipher alphabets of the Porta table, the letter A can be represented by any of the letters from N to Z but not by any of the letters from its own half, A to M. We can use this limitation to determine whether a probable word is feasible. Can the trigram BPQ in a cryptogram represent AND? The answer is no, because B cannot represent A and P cannot represent N. But it can represent THE, because the pairs (B, T), (P, H) and (Q, E) are in different halves of the cipher alphabets.

Suppose we suspect that EMERGENCY is a probable word in a given cryptogram. If we indicate a letter in the first half of the cipher alphabet by 1 and a letter in the second half by 2, then the word EMERGENCY has the pattern 111211212, and its cipher equivalent will have the complementary pattern 222122121.

                               E M E R G E N C Y
        Pattern of clear: 1 1 1 2 1 1 2 1 2
        Pattern of cipher: 2 2 2 1 2 2 1 2 1

The given cryptogram with its pattern reads:

    Cipher: A B L O M H G G F L P Z N C O P
    Pattern: 1 1 1 2 1 1 1 1 1 1 2 2 2 1 2 2

    Cipher: A Y J H W N E X F Y P K X G C
    Pattern: 1 2 1 1 2 2 1 2 1 2 2 1 2 1 1

Running along the pattern, we see that the sequence under the cipher-letters PZNCOPAYJ is identical to the complementary pattern for the word EMERGENCY, so the word EMERGENCY may occur in this position. To obtain the key, we use the Porta table:

    Cipher: P Z N C O P A Y J
    Plaintext: E M E R G E N C Y
    Key letters: W A S E Q W A S E
                  X B T F R X B T F

The first cipher-letter P represents plaintext letter E. Looking at the Porta table, we find that the cipher alphabet containing P = E is indicated by the key-letters $\frac{W}{X}$. The second cipher-letter Z represents plaintext M, and the cipher alphabet containing Z = M is indicated by $\frac{A}{B}$. We find the remaining key letters in the same way. Now the keyword or phrase must be made up of letters chosen one at a time from the pairs of key-letters $\frac{W A S E Q W A S E}{X B T F R X B T F}$. Trying various combinations, we eventually hit on the keyword WATER, repeated under the clearword EMERGENCY as far as WATE. Applying this keyword to the whole of our cryptogram, we have:

    Cipher: A B L O M H G G F L P Z N C O P A Y J
    Keyword: W A T E R W A T E R W A T E R W A T E
    Clear: Y o u m u s t p u t e m e r g e n c y

MULTIPLE-ALPHABET SUBSTITUTION CIPHERS

Cipher: H W N E X F Y P K X G C
Keyword: R W A T E R W A T E R W
Clear: p l a n i n a c t i o n

PROBLEMS

Vigenère ciphers

1. Probable word: ALPHABET. Note the repeated cipher-group KPSPGHIK. This must originate from the same plaintext, enciphered with the same portion of key. What is the interval between these groups (counting from the first letter of one group to the first letter of the repeated group)? Is this interval (or a factor of this number) the length of the keyword?

Cryptogram: H I I N S   W Y S E K   P S P G H   I K X T N
             D L H D O   M S E J C   E C U X I   X K M J F
             M A O W D   Z Y R M U   N Y G K P   S P G H I K

2. Probable words: THERE, SHORTHAND.

Cryptogram: L V Z Z I   T I Y G N   M R L V M   M I A L H
             V J M D V   W A N I K   V H L T Z   I L W N P
             W A F L L   Z I N V G   T A X X D   M

Gronsfeld ciphers

3. Probable words: THE, AND, CAPITAL.

Cryptogram: M O W F W   Q P W Z M   F C J R Q   W H P U K
             F N P N I   Q K E T I   I A B C X   R W Y R F
             U I X P W   I L M M M   U M R N T   L V R

4. Probable word: ANTIBALLISTIC.

Cryptogram: W V Y S M   J O C V I   S F C A R   C P D D T
             Q J Y T M   L T K V A   N M K C S   V P P J Q
             S U U P V   X K W F B   N P T O R   C O G I Q
             W T Z O J   S B P H

True Beaufort ciphers

5. Probable words: BARHAM, THE.

Cryptogram: V G V Z Q   A N Y S I   E X C C B   K T G T M
             Z X S Q P   M J S Y R   N N S E C   X Y D N F
             B F V J J   D H N J H   J W X D K   W F D R E
             K V D O R   Y

6. Probable words: MUNICIPAL, THE.

Cryptogram: K L R J P   R N T B G   J Q P B E   X S S L D
             J Y B I X   J N W H T   Z L V I U   W Q Y A G
             O I M J A   Z X N J M   E C T F W   J W N T X
             K C O C C   W O G Q A   A G E N M   Y Y E B U
             L

Variant Beaufort ciphers

7. Probable words: AND, DAFFODILS.

Cryptogram: M I J K L   I D N K E   S Z N I G   E E J J E
             S G M Q P   E F O S H   E F B L V   L U P O H
             I D E X T   I E J U W   L U U I A   A T N U T
             P X J Q W   R O N P L   E I J Z Z   S I M H A
             S E C L N   K A U K X   R P J C N   S P R S L

8. Probable words: AND, BLOSSOMS.

Cryptogram: B O R W Y   M V U N X   X C Q U Y   X U X K Q
             E F O K R   J B I T J   M K G U U   K O X O S
             N H B H V   J Q M V C   Q W N S L   T C Q U H
             X J E P A   A B A Q Y   G C X O E   Y O I K U
             N K F E V   G L J J R   I P W B B   S G B L

Porta ciphers

9. Probable words: THE, AND, AINTREE.-

Cryptogram: D U Q P J   R G T A Z   K Q K G Q   Y K W K A
                A K N H W   Q J M B R   Q W F U C   Q F K F F
                S E W N M   K J Z I L   A X C K V   B U A T F
                J B Y C S   U E Q B O   U Q

10. Probable words: THE, ASTRONAUTS.

Cryptogram: K O W G Q   B S Y Y S   N K N P W   K O L I L
                F G S H K   C O K P W   L Y B B V   Q Y Y I N
                N P M F G   O O L S W   F C I V E   D V Y H I
                L M Z C W   S W Z T V   W M I V E   U N P C B
                K Y A C W   C F L P C   N G B U R   C S B P H
                R G Y

4 Solution of Periodic Ciphers

4.1 Periodic multiple-alphabet ciphers, as described in the last chapter, were considered fairly invulnerable until Major Kasiski, a German cryptographer, disclosed in 1863 a brilliant method of breaking them. If a bigram, and sometimes an even longer sequence of letters, is repeated in the plaintext and falls under the same sequence of key letters, then the encipherment will also show repetition. We had an example in Problem 1 in the last chapter:

```
HIINS  WYSEK  PSPGH  IKXTN
DLHDO  MSEJC  ECUXI  XKMJF
MAOWD  ZYRMU  NYGKP  SPGHI  K
```

Kasiski noticed that the interval between such repeated groups was the actual length of the keyword or key phrase, or a multiple of this. We can see this more clearly if we look at the solution to Problem 1:

> Keyword: D I G G E R F L A K E   Period 11
> Clear: E a c h o f t h e a l
> Cipher: H I I N S W Y S E K P
> Clear: p h a b e t s i n t h
> Cipher: S P G H I K X T N D L
> Clear: e V i g e n è r e s q
> Cipher: H D O M S E J C E C U
> Clear: u a r e i s a C a e s
> Cipher: X I X K M J F M A O W
> Clear: a r s l i d i n g a
> Cipher: D Z Y R M U N Y G K P
> Clear: p h a b e t
> Cipher: S P G H I K

SOLUTION OF PERIODIC CIPHERS

The interval between the repeated cipher-group KPSPGHIK is forty-four letters, and this is a multiple (4 × 11) of the length of the keyword DIGGERFLAKE. This is an unusually long sequence, but the principle is established that any repeated bigrams, trigrams or longer sequences must represent repetitions in the clear and repetitions in the key letters, and also *that the intervals between such repetitions must be multiples of the period (or length) of the keyword or phrase.*

Another example:

Vigenère key:	S H O R T H A N D S H O R T H A N
Clear:	T h e r e c o m e t h e e n e m y
Cipher:	L O S I X J O Z H L O S V G L M L

The repeated cipher trigram LOS implies the repetition of a clear trigram (the) under the same key trigram (SHO). It also implies that the keyword has been repeated at least once and possibly even several times. The length of the keyword will be the interval between the repeated trigrams (or a factor of this number if the keyword has been repeated several times). The interval between the two trigrams LOS is nine. So the keyword has a *period* or length of nine letters, or a factor of this number (say, 3). In fact, we see that key-length of nine letters is the interval between the repeated trigrams. Some single repetitions may be accidental. For example, key-letter H + clear h = cipher O, and key-letter A + clear o = cipher O. Similarly:

$$s + t = L$$
$$H + e = L$$
$$N + y = L$$

Generally speaking, single-letter repetitions are largely accidental, but bigram and trigram repeats are more likely to be due to repeated key letters and repeated clear letters.

4.2 Where Kasiski showed his brilliance was in evolving the following method of recording repetitions in the cipher and deducing the key-length from the figures thus obtained. The groups in the following cryptogram have been numbered for convenience of reference. Repeated bigrams and trigrams are underlined.

```
              5              10             15             20
        Y O E X Q    K N E I C     G T L G D    T H S K A

             25              30             35             40
        U Z W L H    C E E S L     A T G U F    H X Y I C

             45              50             55             60
        L O C M Y    X M P I V     V K Z O R    E I O E W

             65              70             75             80
        F K D S T    F L I N N     E P I O Z    K B K N C

             85              90             95            100
        N O E W N    U B T P G     R G X S I    R J S C H

            105             110            115            120
        Z Y P L X    B J M I U     D H X H Y    L B G K P

            125             130            135            140
        H D V T L    K A E I V     V M I V T    Z L S C V

            145
        I S E U P    B V
```

We now list the repetitions with their intervals. Acknowledgement is here made to M. E. Ohaver for the method of setting out the intervals.

Repeated trigrams are the most likely to arise from genuine repeats in the clear and key, and hence the factors to their intervals are the ones to examine for the length of the keyword, which is called the *period* of the cipher. Generally, the columns of factors having the most entries are candidates for the likely period of the cipher. In the above table, factors 2, 4 and 8 stand out as having the most entries. Where there is a choice, as here, it is usually better to take the largest factor. If, therefore, we select 8 as the period, this means eight different simple substitution alphabets have been used in this cryptogram. These are repeated in rotation, so that, if the cryptogram is written in eight columns, each column belongs to the same cipher alphabet. This means that each column can be counted and a solution attempted as though we were dealing with a simple substitution cipher in each case.

SOLUTION OF PERIODIC CIPHERS

Repeats	Positions	Intervals										Factors						others
			2	3	4	5	6	7	8	9	10	11	12	13	14	15	16	
OE	58 – 2	= 56	2		4		7	8							14			28
OEW	82 – 58	= 24	2	3	4		6		8				12						24
KN	78 – 6	= 72	2	3	4		6		8	9			12					18	24
EI	128 – 8	= 120	2	3	4	5	6		8		10		12			15		20	24
IC	39 – 9	= 30	2	3		5	6				10					15			
TL	124 – 12	= 112	2		4			7	8						14		16		28
KA	126 – 19	= 105		3		5		7								15		21	35
HX	112 – 36	= 76	2		4													19	38
IO	73 – 57	= 16	2		4				8								16		
IVV	129 – 49	= 80	2		4	5			8		10							20	
NE	70 – 7	= 63		3				7										21	
MI	132 – 108	= 24	2	3	4		6		8				12						
VT	134 – 123	= 11										11							
SC	138 – 98	= 40	2		4	5			8		10							20	

```
            1 2 3 4 5 6 7 8
            Y O E X Q K N E
            I C G T L G D T
            H S K A U Z W L
            H C E E S L A T
            G U F H X Y I C
            L O C M Y X M P
            I V V K Z O R E
            I O E W F K D S
            T F L I N N E P
            I O Z K B K N C
            N O E W N U B T
            P G R G X S I R
            J S C H Z Y P L
            X B J M I U D H
            X H Y L B G K P
            H D V T L K A E
            I V V M I V T Z
            L S C V I S E U
            P B V
```

We can now make a frequency count of each column:

	1	2	3	4	5	6	7	8
A				/			//	
B		//			//		/	
C		//	///					//
D		/					///	
E			////	/			//	///
F		/	/		/			
G	/	/	/	/		//		

SOLUTION OF PERIODIC CIPHERS

	1	2	3	4	5	6	7	8
H	///	/		//				/
I	/////			/	///		//	
J	/		/					
K			/	//		////	/	
L	//		/	/	//	/		//
M				///			/	
N	/				//	/	//	
O		/////				/		
P	//						/	///
Q				/				
R			/				/	/
S		///			/	//		/
T	/			//			/	///
U			/		/	//		/
V		//	////	/		/		
W				//			/	
X	//			/		//	/	
Y	/		/			/	//	
Z			/			//	/	/

Each of these frequency counts has a high-frequency group, a medium-frequency group and a low-frequency group, as we would expect if we have found the right length of the keyword and therefore are dealing with a single simple substitution alphabet in each column. Each count also has gaps representing rare letters in the clear group: VKQXJZ.

Where a sliding alphabet in normal order has been used, as in the Vigenère and Beaufort ciphers, the identification of a single letter will determine all the rest of the alphabet. To test probable identifications of the common letters ETOANIRSH we write out the alphabet, vertically, twice on a strip of paper (see page 67). For example, in column 1 the letter I occurs five times. It looks as if it might represent E. Setting the letter E on the vertical strip against the letter I on the frequency table, we can read off the occurrences for the cipher equivalents of ETAONIRSH:

Column 1: E = I, Clear: E T A O N I R S H
            Cipher: I X E S R M V W L
            Count: 5 2 — — — — 2   Total 9

These nine high-frequency letters should comprise some 70% of the total ciphertext. Here, we have nine out of nineteen letters, less than 50%. Let us try T = I:

            Clear: E T A O N I R S H
            Cipher: T I P D C X G H W
            Count: 1 5 2 - - 2 1 3 -   Total 14

This is fourteen out of nineteen letters, which is over 70%. Write out the cryptogram in eight columns, leaving space between the lines for the solution. If T = I, then A = P, i.e. the first key letter is P. Proceed to decipher column 1 with key-letter P, using pencil to enter the clear letters.

Column 2:
   Trying E = O,   Clear: E T A O N I R S H
                   Cipher: O D K Y X S B C R
                   Count: 5 1 - - - 3 2 2 -   Total 13

This is fairly good for E (but less than 70%), and poor for T, A, O and N.

   Trying T = O,   Clear: E T A O N I R S H
                   Cipher: Z O C J I D M N C
                   Count: - 5 2 - - 1 - - 2   Total 10

Still not good enough for E, A, O and N.

   Trying A = O,   Clear: E T A O N I R S H
                   Cipher: S H O C B W F G V
                   Count: 3 1 5 2 2 - 1 1 2   Total 17

This is much more promising, these letters accounting for

SOLUTION OF PERIODIC CIPHERS

Strip

A
B
C
D
E
F
G
H
I
J
K
L
.
.
.
.
.
X
Y
Z
A
B
C
D
E
F
G
H
I
J
K
L
M
N
O
P
Q
R
S
T
U
V
W
X
Y
Z

Frequency count

	1	2	3	4	5	6	7	8
A				1		2		
B		2			2		1	
C		2	3					2
D		1				3		
E				4	1		2	3
F		1	1		1			
G	1	1	1	1		2		
H	3	1		2				1
I	5			1	3		2	
J	1	1						
K		1	2			4	1	
L	2		1	1	2	1		2
M				3			1	
N	1				2	1	2	
O		5				1		
P	2						1	3
Q					1			
R		1					1	1
S		3			1	2		1
T	1		2			1	3	
U		1			1	2		1
V		2	4	1		1		
W			2				1	
X	2			1	2	1		
Y	1		1		1	2		
Z			1		2	1		1

seventeen letters out of nineteen in the column. Since A = O, this means the key letter is O. The keyword so far reads PO... Fill in the clear in column 2.

Column 3:

If E = E, Clear: E T A O N I R S H
Cipher: E T A O N I R S H
Count: 4 – – – – – 1 – – Total 5

This is no good.

If E = V, Clear: E T A O N I R S H
Cipher: V K R F E Z I J Y
Count: 4 1 1 1 4 1 – 1 1 Total 14

Fourteen letters out of nineteen in the column is over 70%. If E = V, then A = R, so the next key letter is R and the keyword now reads POR...

Column 4:

If E = M, Clear: E T A O N I R S H
Cipher: M B I W V Q Z A P
Count: 3 – 1 2 1 – – 1 – Total 8

No good!

If T = M, Clear: E T A O N I R S H
Cipher: X M T H G B K L A
Count: 1 3 2 2 1 – 2 1 1 Total 13

If T = M, then A = T and the next key letter is T.

Column 5:

If E = I, Clear: E T A O N I R S H
Cipher: I X E S R M V W L
Count: 3 2 – 1 – – – – 2 Total 8

No good! This is a fairly evenly distributed count and does not readily lend itself to this method of solution; after all, we have only eighteen letters in the column. Let us pass on to the next column.

Column 6:
   If E = K, Clear: E T A O N I R S H
                    Cipher: K Z G I H C L M B
                    Count: 4 1 2 2 3 – 2 – Total 14

Very good—well over 70% of the total of eighteen. E = K, so A = G and the next key letter is G. The keyword now reads PORT.G.. We could have a guess at the keyword, but we will continue with the method of eliciting the key letters of the remaining columns.

Column 7:
   If E = D, Clear: E T A O N I R S H
                    Cipher: D S Z N M H Q R G
                    Count: 3 – – 2 1 – – 1 – Total 7

Poor!

   If T = D, Clear: E T A O N I R S H
                    Cipher: O D K Y X S B C R
                    Count: – 3 1 – – – 1 – 1 Total 6

Still not good enough. Let us pass on to the last column.

Column 8:
   If E = E, Clear: E T A O N I R S H
                    Cipher: E T A O N I R S H
                  Count: 3 3 – – – – 1 1 1 Total 9

No good.

   If E = P, Clear: E T A O N I R S H
                    Cipher: P E L Z Y T C D S
                  Count: 3 3 2 1 – 3 2 – 1 Total 15

This is more promising; fifteen out of eighteen letters is just over

80%. If E = P, then A = L and the last letter of the keyword is L. The keyword now reads PORT.G.L and must be PORTUGAL. The solution can now be written in the blank columns:

```
                1 2 3 4 5 6 7 8
     Keyword:   P O R T U G A L
     Cipher:    Y O E X Q K N E
     Clear:     J a n e w e n t

                I C G T L G D T
                t o P a r a d i

                H S K A U Z W L
                s e t h a t w a

                H C E E S L A T
                s o n l y f a i

                G U F H X Y I C
                r g o o d s i r

                L O C M Y X M P
                W a l t e r m e

                I V V K Z O R E
                t h e r f i r s

                I O E W F K D S
                t a n d l e d h

                T F L I N N E P
                e r u p t h e s

                I O Z K B K N C
                t a i r H e n r

                N O E W N U B T
                y a n d T o b i

                P G R G X S I R
                a s a n d M i g

                J S C H Z Y P L
                u e l o f S p a

                X B J M I U D H
                i n s t o o d w
```

SOLUTION OF PERIODIC CIPHERS

```
X H Y L B G K P
i t h S h a k e
H D V T L K A E
s p e a r e a t
I V V M I V T Z
t h e t o p t o
L S C V I S E U
w e l c o m e J
P B V
a n e
```

PROBLEMS
Vigenère

1. HQAXE EINPN OEYIZ VGBEM
    PJTLH FZLZK BFITK JNGBE
    RSMLU XIYXM IZILO RBWHM
    TNIQQ AMAMI RPRKE ZLZOE
    TPKWJ NJKAZ LVTRL TUVZL 100

2. ZSSWP RDIYZ SBUSM NELXC
    SWPRD IEPEL OCGFG YJMFL
    PJPLW HEWOC GFGYJ ELLPJ
    PLWEM KAWQZ YBWRL ZEJHX
    ZPTCK TDPCM QGSYE QHSFT
    EQAZW CCMQY SY   112

3. AZGYW RQIHE XEFPE FZGQF
    UVGKT BBTAT MWVLA PPGRD
    RSTNR BCRTS QVCWY FTKMX
    URISO PINIY FITCI REUAC
    DEPNE QNQRD GMVHB YMCPA
    XMEHN GAREE MMNZK RVVAC
    QEOHN NOGR   129

4. SRBGM ZLMBO VRLOB HVLHF
    MVSYJ MUSLA CFIPY EKKNV
    GPXAN XYIVO BKXCM ANQRV
    SHUSG OLUVO ZRYOS XXCLQ
    KIZZA BTEGP GQZKV RUMIM
    LTNRZ SDEUO BXXCV GZCGY
    TZVGT YQTWE KXWAC XXONA
    JIRXL VRAHC FPBIR HVFVR
    DTHSZ ITSJR BRLFH PIC   178

Beaufort

5. HZYRH JRAJY KNXRA JBEBH
    RABYF FROHZ YRHSD RHJIX
    RRYRY NBNTE MRXNX RAJBE
    TEOHJ OMFRO SNYGO QDBQZ
    QYEGA TYWFB NTBLI XYKSU
    PFMXN UGICY PGLSY QQTRD
    H   121

6. MTQAN EUCEV LBGVS WNYGH
    BJCEF VSEBB VXHUV OLAHJ
    BLAJA KOBUP REKEZ VNJTL
    TFFIC GTGTI FFUMG CQENA
    ZFKIR MOYJD TVNPA ROULU
    AFTCE UIEBL YGPNI CHYUD
    ITTBJ BUSGW BHAYD ILCUF
    CYVSZ LCUFN EVNYX OJANU
    U   161

7. BXMUC AYRTY EICGN MYXJF
    XEKQX JPAAS ZNUMM NRRHP

SOLUTION OF PERIODIC CIPHERS

    J L O I N   Y B U Y W   B J L F L   G L C U C
    Z B L L Y   C U W Y P   X Q F Q H   P C B Q B
    J H Q K C   V F A G O   N I W C M   Q I K C U
    V E N X X   H D H Z R   A B X A D   B J B H N
    T N T J U   O E U K N   M H W E U   C G C C H
    R S K H Z   N Q M Y P   S A G Y R   G F R P O
    Z V G V I   R Q W C Y   P W S C N   O K V G W
    Q G X R U   U O S Z T   M S J W Q   N   196

8. E H I Z B   B X D G P   B T A S Z   R K R E E
    I E N R M   D I L O K   H Q K A J   Z S Q W Y
    N P J G D   L E A P J   Q E D P O   T Z A Y U
    T T X I D   L W R R R   K E C Q T   C X K A K
    U B B O F   K D M G X   N D I F C   L R J Y H
    W P M Z V   H J X D A   F D T C L   D J C K N
    O P J R X   O N W Z S   L J W N C   X J L J A
    L P U U U   B U W E N   I A D U I   L I V K J
    X R N Z O   A D I O E   D E W P E   K Y K J A
    Y X M K N   P W W Z Q   M W N T Z   Y V G O N
    I L M J B   H E V F Z   O S X   213

9. W T P L D   O W A G P   I F P O I   N N Z H W
    Y Y O P O   Y R I W O   U Q E V R   S X M R U
    H D G D X   T S A V S   W Z N T D   A J U U Q
    O Y T P X   P G A O M   K D P I N   L T A B Y
    W X G R V   H J G F V   B J A C U   D G E H V
    I A L J O   B Y D L O   T U E E V   D X L A C
    Y H A O Z   I B N A Y   V H A A K   C W F I P
    A G Y D N   P F J A A   A A A H N   N   156

5 Transposition

5.1 In *transposition* the letters of the plaintext are disarranged according to some predetermined plan. One simple way would be to write the odd letters on one line and the even letters on the next line:

```
E   E G N Y O E T N E
  M R E C C M A O C
```

The cipher then becomes EEGNYOETNEMRECCMAOC and would be transmitted in five-letter groups:

    EEGNY OETNE MRECC MAOC

Or the message may be written diagonally, three or four letters deep:

```
E     R     N     C     E     O     E
  M     G     C     O     A     N
    E     E     Y     M     T     C
```

and the cipher reads:

    ERNCE OEMGC OANEE YMTC

Again, the message may be written into a rectangular block:

```
7 5 1 3 6 4 2
T H E M E S S
A G E M A Y B
E W R I T T E
N I N T O A R
E C T A N G U
L A R B L O C
```

and the cryptogram read off in columns according to a numerical key:

(1) E E R N T R (2) S B E R U C (3) M M I T A B
(4) S Y T A G O (5) H G W I C A (6) E A T O N L
(7) T A E N E L

It is then transmitted in the customary groups of five:

E E R N T   R S B E R   U C M M I   T A B S Y
T A G O H   G W I C A   E A T O N   L T A E N
E L   42 letters

Transposition ciphers written in squares, rectangles or other regular geometrical figures are called *regular* or *geometrical*. There are various ways of writing the plaintext into the chosen geometrical figure: horizontally in rows (reading left to right); horizontally in rows (reading alternately left to right and right to left); vertically in columns (ascending); vertically in columns (descending); vertically in columns (alternately descending and ascending); diagonally (ascending, descending and alternately ascending and descending); spirally, clockwise and counter-clockwise (starting either at one of the corners or at the centre of the block). Any one of these methods may be used for 'taking off' the letters for the cryptogram. The following diagrams illustrate these various methods:

Horizontally in rows

(1)   *Left to right*   (2)   *Right to left*

→ a b c d e f   f e d c b a ←
    g h i j k l   l k j i h g
    m n o p q r   r q p o n m
    s t u v w x   x w v u t s
    y z A B C D   D C B A z y

(3) Alternately left to right

→ a b c d e f
← l k j i h g
    m n o p q r
    x w v u t s
    y z A B C D

(4) Alternately right to left

    f e d c b a ←
    g h i j k l →
    r q p o n m
    s t u v w x
    D C B A z y

Vertically in columns

(5) Descending left to right

↓ a f k p u z
   b g l q v A
   c h m r w B
   d i n s x C
   e j o t y D

(6) Ascending left to right

↑ e j o t y D
   d i n s x C
   c h m r w B
   b g l q v A
   a f k p u z

(7) Descending right to left

z u p k f a ↓
A v q l g b
B w r m h c
C x s n i d
D y t o j e

(8) Ascending right to left

D y t o j e
C x s n i d
B w r m h c
A v q l g b
z u p k f a ↑

Diagonally

(9) Descending left to right

↙ a b d g k p
   c e h l q u
   f i m r v y
   j n s w z B
   o t x A C D

(10) Ascending left to right

↗ a c f j o t
   b e i n s x
   d h m r w A
   g l q v z C
   k p u y B D

TRANSPOSITION

(11) *Descending right to left*

p k g d b a ↘
u q l h e c
y v r m i f
B z w s n j
D C A x t o

(12) *Ascending right to left*

t o j f c a ↖
x s n i e b
A w r m h d
c z v q l g
D B y u p k

(13) *Alternately descending and ascending left to right*

↙↗ a b f g o p
c e h n q x
d i m r w y
j l s v z c
k t u A B D

(14) *Alternately ascending and descending left to right*

↗↙ a c d j k t
b e i l s u
f h m r v A
g n q w z B
o p x y C D

(15) *Alternately descending and ascending right to left*

p o g f b a ↖↘
x q n h e c
y w r m i d
c z v s l j
D B A u t k

(16) *Alternately ascending and descending right to left*

t k j d c a ↘↖
u s l i e b
A v r m h f
B z w q n g
D C y x p o

Spirally

(17) *Clockwise from centre to outside*

u v w x y z
t g h i j A
s f a b k B
r e d c l C
q p o n m D

(18) *Clockwise from outside to centre*

a b c d e f
r s t u v g
q B C D w h
p A z y x i
o n m l k j

(19) Anticlockwise from centre to outside   (20) Anticlockwise from outside to centre

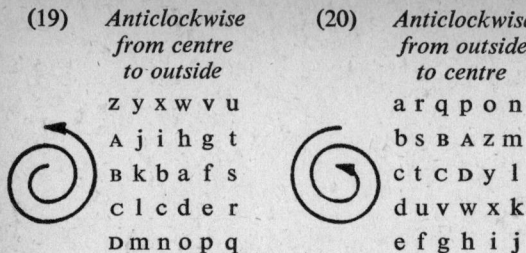

```
z y x w v u        a r q p o n
A j i h g t        b s B A z m
B k b a f s        c t c D y l
c l c d e r        d u v w x k
D m n o p q        e f g h i j
```

The diagrams above may seem confusingly large in number, but a little study will be well repaid. The horizontally in rows right to left type (2) is a mirror reflection of the left to right type (1). The horizontally in rows alternately right to left type (4) is a mirror reflection of the left to right type (3). Similarly, (5) and (7) are mirror reflections, as are (6) and (8). (9) and (11), and (10) and (12) are also mirror reflections. (13) and (15), and (14) and (16) can be similarly linked, as can (17) and (19), and (18) and (20). So the twenty main types reduce to ten.

It must be recognized that the rectangular block (6 × 5) is only *one* of many geometrical figures that may be used.

5.2 Cryptanalysis

Counting the number of letters in a cryptogram will give possible dimensions of the rectangle or square. For example, if there are forty-eight letters, the rectangle may be 6 × 8, 4 × 12 or 3 × 16. These dimensions may be reversed: 8 × 6, 12 × 4 or 16 × 3. 6 × 8 means a rectangle six letters wide and eight letters deep. Suppose we have the following cryptogram presented for solution:

```
ALUIF SEAVI ISREV MSEBE PQFYX
```

It is twenty-five letters long, so it must go into a square 5 × 5. Let us try the effect of writing the letters in columns of five:

```
A S I M P
L E S S Q
U A R E F
I V E B Y
F I V E X
```

TRANSPOSITION

Reading across we get A SIMPLE SQUARE FIVE BY FIVE X. The last letter X was added to complete the square.

We have another cryptogram:

```
ORUIH  RTNAL  PETSE  NODEB  TSSBR
ETOTY  CEERA  TENSL  HPHCE  IEP
```

This has forty-eight letters, which suggests 8 × 6 and 6 × 8 as possible dimensions of the rectangle. We write the cryptogram in both rectangles:

```
      8 × 6                    6 × 8

   O R U I H R T N           O R U I H R
   A L P E T S E N           T N A L P E
   O D E B T S S B           T S E N O D
   R E T O T Y C E           E B T S S B
   E R A T E N S L           R E T O T Y
   H P H C E I E P           C E E R A T
                             E N S L H P
                             H C E I E P
```

This does not make sense. Let us try writing it vertically downwards:

```
   O T T E R C E H           O A O R E H
   R N S B E E N C           R L D E R P
   U A E T T E S E           U P E T A H
   I L N S O R L I           I E B O T C
   H P O S T A H E           H T T T E E
   R E D B Y T P P           R S S Y N I
                             T E S C S E
                             N N B E L P
```

Try alternately descending and ascending verticals:

```
O E T B R T E P          O N O R L H
R P S S E A N E          R E D E S P
U L E S T R S I          U S E T N H
I A N T O E L E          I T B O E C
H N O B T E H C          H E T T E
R T D E Y C P H          R P S Y A I
                         T L S C R E
                         N A B E E P
```

Suppose it is a case of diagonals. Trying the 6 × 8 rectangle, we have:

```
↗O U R L E T
 R H A S B
 I N T E
 T E D
 P O
 N
```

This looks promising already. Filling in the rest of the rectangle:

```
↗O U R L E T
 R H A S B T
 I T T E E E
 N E D R E
 P O B C
 N S Y
 S T
 O
```

we find we have run into nonsense. But the first part made sense, so perhaps it is an 8 × 6 rectangle:

```
    OURLETTE
    RHASBEEN
    INTERCEP
    TEDBYTHE
    POSTALCE
    NSORSHIP
```

Success at last!

5.3 Nihilist cipher

One of the commonest forms of elementary transposition is to write the message into a block by rows and take off the text in columns to form the cryptogram:

```
   Message            Columns taken
   in rows            out as cryptogram

  YOUMUSTC             YOEEM
  OMEATONC             OMUPA
  EURGENTD             UERUN
  EPUTYCOM             MAGTD
  MANDERXY             UTEYE
                       SONCR
                       TNTOX
                       CCDMY
```

The columns are left intact in the order in which they appear in the first block. If, however, the columns are taken out in an irregular way, regulated by a numerical key which will determine the width of the rectangle, then columnar transposition becomes much more complicated. The numerical key is often generated by a keyword:

Keyword: M A I D S T O N E
Numerical key: 5 1 4 2 8 9 7 6 3

Plaintext: N A T O W A S E A
                R L I E R I N F O
                R M E D T H A T N
                O T R O O P S W O
                U L D B E W I T H
                D R A W N B E F O
                R E J U L Y N E X
                T Y E A R B U T C
                O N G R E S S I S

The numerical key is arrived at by numbering the letters of the keyword in the order in which they occur in the normal alphabet.

Taking-off the columns in the order indicated by the numbers, we have:

A L M T L   R E Y N O   E D O B W   U A R A O
N O H O X   C S T I E   R D A J E   G N R R O
U D R T O   E F T W T   F E T I S   N A S I E
N U S W R   T O E N L   R E A I H   P W B Y B
S   81 letters

Now the *Nihilist cipher* adds a subtle refinement to the simple columnar transposition described above. Instead of taking-off by means of the numerical key, the message is rewritten under this key, the first column going under the key-number 1, the second column under 2, and so on:

                M A I D S T O N E
                5 1 4 2 8 9 7 6 3

                W N O A E A S A T
                R R E L F O N I I
                T R D M T N A H E
                O O O T W O S P R
                E U B L T H I W D

```
                    N D W R F O E B A
                    L R U E E X N Y J
                    R T A Y T C U B E
                    E O R N I S S S G
```

Having transposed the columns, we now proceed to transpose the rows, applying the same key, vertically:

```
              M 5   E U B L T H I W D
              A 1   W N O A E A S A T
              I 4   O O O T W O S P R
              D 2   R R E L F O N I I
              S 8   R T A Y T C U B E
              T 9   E O R N I S S S G
              O 7   L R U E E X N Y J
              N 6   N D W R F O E B A
              E 3   T R D M T N A H E
```

The cryptogram is then read off in rows, starting with the top one:

```
  E U B L T    H I W D W    N O A E A    S A T O O
  O T W O S    P R R R E    L F O N I    I R T A Y
  T C U B E    E O R N I    S S S G L    R U E E X
  N Y J N D    W R F O E    B A T R D    M T N A H
  E
```

5.4 Cryptanalysis

We have the following Nihilist cryptogram to solve:

```
  A R S N O    P E N N C    D E O U Y    T E D R E
  S I A L I    G O N A Y    N T A Y B    A O A S N
  L L C M E    N A H E                   49 letters
```

This cryptogram has forty-nine letters and so must fall into a square 7 × 7. We write down the cryptogram in such a square:

```
A R S N O P E    3
N N C D E O U    3
Y T E D R E S    3
I A L I G O N    4
A Y N T A Y B    4
A O A S N L L    3
C M E N A H E    3

5 3 3 1 4 4 3   23
```

Since approximately 40% of any plaintext is vowels, then a seven-letter unit should have about three vowels. We make the vowel counts for the rows and columns, and the figures at the side and bottom indicate these. Of the rows, over half have three vowels and two have four, which is quite satisfactory. The counts for the columns are not so satisfactory, as one has five vowels and another, one. These represent 71% and 14% respectively, and are well outside the acceptable limits of 35%—45%.

If each row represents plaintext, then our task is to anagram one of the rows to make sense and to check the other rows to see if they are also making sense.

```
1 2 3 4 5 6 7

A R S N O P E
N N C D E O U
Y T E D R E S
I A L I G O N
A Y N T A Y B
A O A S N L L
C M E N A H E
```

Anyone who has done anagrams in crossword puzzles will see that we can rearrange the letters in the first row to read PERSON. Rearranging the columns under these letters, in exactly the same way, we get:

```
        P E R S O N
        O U N C E D
        E S T E R D
        O N A L G I
        Y B Y N A T
        L L O A N S
        H E M E A N
```

The third line ESTERD is obviously crying out for a Y in front of it to give YESTERD... and there is a Y in the third position of the remaining column. So, writing this column to the left of the above block, we have:

```
        1 6 7 2 3 5 4
        A P E R S O N
        N O U N C E D
        Y E S T E R D
        I O N A L G I
        A Y B Y N A T
        A L L O A N S
        C H E M E A N
```

We can recover the numerical key for this transposition. Column 1 remains where it is, column 2 goes to the fourth column, column 3 to the fifth column, and so on. Now, if we write down this key vertically against the block, we can rearrange the rows to arrive at the following solution:

```
        1   A P E R S O N
        6   A L L O A N S
        7   C H E M E A N
        2   N O U N C E D
        3   Y E S T E R D
        5   A Y B Y N A T
        4   I O N A L G I
```

and the message reads A PERSONAL LOAN SCHEME ANNOUNCED YESTERDAY BY NATIONAL GI... Messages longer than forty-nine letters have to be fed into the block until the whole message has been dealt with.

5.5 Another Nihilist cipher

```
T R H E L    E S E U L    T E E A C    O I N O H
F T U T S    E O O S D    T B E R C    I I T V T
S E R E M    H R A T N    F C I A H    E E T S L
T F I A I    S S O W G    N T O E U    T A S E R
L                                              81 letters
```

The square must be 9 × 9, so we write the cryptogram into such a square:

```
           1 2 3 4 5 6 7 8 9    Vowels

           T R H E L E S E U      4
           L T E E A C O I N      5
           O H F T U T S E O      4
           O S D T B E R C I      3
           I T V T S E R E M      3
           H R A T N F C I A      3
           H E E T S L T F I      3
           A I S S O W G N T      3
           O E U T A S E R L      5

   Vowels  5 3 4 2 4 3 2 5 5     33
```

In a nine-letter unit the vowels should be about 40% of the total text of eighty-one letters, or 3·6 vowels (within the limits 35–40%, or 3–4 vowels). The rows give reasonable counts since seven of them fall within the limits. The columns are not so good as three have five vowels and two, two vowels. Only four columns have acceptable figures of three and four. So, clearly, the rows are the ones to start anagramming. Notice the rows containing the letters T, H and E: HTTE in row 3, THE in row 1 (but there is a choice of three E's) and HEET in row 7. Each of these groups will anagram into THE. Let us try HTTE in row 3. The first T gives:

```
        4 2 8
        E R E
        E T I
        T H E
        ─────
        T S C
        T T E
        T R I
        T E F
        S I N
        T E R
```

The other T gives:

```
        6 2 8
        E R E
        C T I
        T H E
        ─────
        E S C
        E T E
        F R I
        L E F
        W I N
        S E R
```

CTI in row 2 above looks promising. It could read CTION. Columns 7 and 9 give O and N in the second position, so we tentatively write these alongside the second block:

```
  6 2 8 7 9

  E R E S U

  C T I O N

  T H E S O

  E S C R I

  E T E R M

  F R I C A

  L E F T I

  W I N G T

  S E R E L
```

Row 1 must continue with LT to give ERESULT, and columns 5 and 1 have the required L and T in position 1:

```
  6 2 8 7 9 5 1

  E R E S U L T

  C T I O N A L

  T H E S O U O

  E S C R I B O

  E T E R M S I

  F R I C A N H

  L E F T I S H

  W I N G T O A

  S E R E L A O
```

There is something wrong with the last column. We would expect row 3 to read THESOUT (H) and row 4, DESCRIBE. Perhaps we have come to the end of the side of the square with ERESUL. Obviously, ESCRIB in row 4 calls for a D to precede it. There is such a letter in position 4 in column 3:

TRANSPOSITION

```
    3 6 2 8 7 9 5

    H E R E S U L

    E C T I O N A

    F T H E S O U

    D E S C R I B

    V E T E R M S

    A F R I C A N

    E L E F T I S

    S W I N G T O

    U S E R E L A
```

Row 3 calls for an o in front of it to read OF. Column 1 has an o in position 3:

```
    1 3 6 2 8 7 9 5

    T H E R E S U L

    L E C T I O N A

    O F T H E S O U

    O D E S C R I B

    I V E T E R M S

    H A F R I C A N

    H E L E F T I S

    A S W I N G T O

    O U S E R E L A
```

There is only one column left to complete the square, and it must go at the beginning:

```
4 1 3 6 2 8 7 8 5

E T H E R E S U L
E L E C T I O N A
T O F T H E S O U
T O D E S C R I B
T I V E T E R M S
T H A F R I C A N
T H E L E F T I S
S A S W I N G T O
T O U S E R E L A
```

If we now apply the numerical key vertically and fill in the square, from the block above, we have:

```
  4 1 3 6 2 8 7 9 5

4 T O D E S C R I B
1 E T H E R E S U L
3 T O F T H E S O U
6 T H A F R I C A N
2 E L E C T I O N A
8 S A S W I N G T O
7 T H E L E F T I S
9 T O U S E R E L A
5 T I V E T E R M S
```

PROBLEMS

1.   S N E S O   I A S T F   X V S O F   U Y E O X
    S V L K X   25

2.   H M O O C   U W A G D   N E I Y T   15

3.
```
   T S N R E    H T T N C    E O H I K    B O E N A
   O D B G B    Y O U D C                               30
```

4. Numerical key used.

```
   R S T T P    Y A R I A    E W O A X    E D S I E
   R Y M N C    M L E R E    A L N R D    B O F D X    40
```

5. Numerical key used.

```
   V G N A T    E R T D Y    C D W A T    N U O E L
   X H E O A    B H R O O    O O H L R    E S U N Y
   I W G S Y    G T O E Y    I A S E T    O E N D Y
   O C K                                                63
```

6. Nihilist cipher.

```
   V I D R I    C H H I T    M I S T I    R E H T T
   D I M A L    C E S N C    A B R E U    I N N R O
   G M I S D    E H T T                                 49
```

7. Ordinary columnar transposition. Numerical key used.

```
   C H H E E    T T A V D    A I A H A    F J N A T
   L S M S B    O A N S R    L S Y D F    C D S V E
   A G A I T    E D A D I    R L G O T    Y Y E I P
   L L N O Y    O U T C R    R A R E E    Y N I N U
   E E D T T    T L E T A    E O S Y R    S E L O R
   S F R H I    V E L Y F    L C E E B    L I L O E   120
```

8. Another Nihilist cipher.

```
   I E E R T    N E S T E    S I R A F    R M A S I
   L L O R P    N G I T A    N S N U I    Q E G P S
   A M S L A    D T A N N    I U I Q S    H O T M S
   X E R I I    P A E N I    N T U E A    L S G E GL  81
```

6 Revolving Grilles

6.1 Girolamo Cardano (1501–1576), Italian physician, astrologer, philosopher and mathematician, appears to have dabbled in every aspect of contemporary science. So, not unnaturally, we find his name turning up in the history of cryptography. In particular, the revolving grille has been attributed to him. The grille, marked out in square cells, may take the shape of any one of a number of equilateral geometrical figures: triangles, squares, regular pentagons, hexagons, etc. The usual figure chosen is a square, marked out into cells. A square with six cells along each side will have thirty-six cells in all. The number of cells along each side must be an even number, since the grille is divided into four sub-units. Certain prearranged cells are clipped out of the grille, which is then placed on a sheet of paper, ruled into similar small squares. The message is then written through the clipped cells onto the squared paper, one letter at a time, starting at the top of the grille and moving from left to right.

Let us prepare an actual grille for a square of 6 × 6 cells. The grille is divided into quarters, and the cells in each quarter numbered from 1 to 9. The first quarter is numbered 1–9. If the whole grille were rotated through 90°, the second quarter would

1	2	3	7	4	1
4	5	6	8	5	2
7	8	9	9	6	3
3	6	9	9	8	7
2	5	8	6	5	4
1	4	7	3	2	1

REVOLVING GRILLES

be numbered according to where the numbered cells of the first quarter fell. Similarly, the third quarter and the last quarter are numbered. It will be readily seen that, on rotation, the first cell will consecutively occupy the four corners of the square. No. 9 cell will occupy the four cells round the centre.

The number of cells to be clipped will be one-quarter of the total, i.e. nine. As the grille is rotated a quarter of a turn at a time, a total of 4 × 9 cells will be uncovered, thus filling each cell on the squared paper below with a letter of the message. As we shall see, the letters of the original message will be completely disarranged.

In order to distribute the letters of the message evenly over the whole grille, it is advisable to clip one-quarter of the cells in each sub-unit, i.e. 9/4 or 2 cells per unit with one of 3. With this proviso in mind, we clip at random:

	2				1
			8		
7		9			
	6				
				5	
	4		3		

The message to be enciphered reads:

COMMISSAR OF POLICE AT BORDEAUX IS SUSPECT.

The grille is placed over a piece of ruled paper of the same size squares as the cells of the grille, and the first nine letters of the message are written in, from left to right and from top to bottom:

Grille

In position 1

	C				O
			M		
M		I			
	S				
				S	
	A		R		

In position 2 (after first quarter-turn)

			O		
F		P			O
			L		
I				C	
	E				
					A

In position 3

		T		B	
	O				
				R	
			D		E
		A			
U				X	

In position 4

I					
				S	
	S				U
		S			
P			E		C
		T			

The final result on the ruled paper will appear thus:

I	C	T	O	B	O
F	O	P	M	S	O
M	S	I	L	R	U
I	S	S	D	C	E
P	E	A	E	S	C
U	A	T	R	X	A

The cryptogram is then taken off, reading from the top horizontally, and written out in the customary groups of five:

```
ICTOB  OFOPM  SOMSI  LRUIS
SDCEP  EAESC  UATRX  A
```
                                                              36 letters

The recipient of the scrambled message will write it back into a square 6 × 6 and, placing a grille over it in position 1, will read the first nine letters: COMMISSAR. Then, giving the grille a quarter-turn, he will get the second nine letters: OF POLICE A, and so on until the message is complete.

CRYPTANALYSIS

6.2 Although seemingly difficult to solve, the grille cipher has several weaknesses, giving the cryptanalyst a possible 'break-in'. The writing-in has to be done within fairly strict limits, and consecutive letters of the message cannot be very far apart, since other consecutive letters would be running too close together for security. The average distance between two consecutive letters is three cells $\left(\frac{36-9}{9}=3\right)$. Also, for each letter under consideration, its clipped cell, when rotated, will eliminate three other letters in the corresponding cells in the other sub-units, otherwise they would show up again when the grille is rotated. Another weakness is the reciprocity of the grille. In position 1 COMMI, in the top half of the grille corresponds to XUAED in position 3 (where the grille has been given a half-turn from position 1). XUAED must be reversed when reading off: DEAUX. If the clipped cells corresponding to COMMI in position 1 are to be correct, then the reciprocal letters in position 3, taken in reverse, must make sense. Similarly, OFPOL of position 2 has in position 4 the letters TCEPS, which on being reversed read SPECT.

So we can attack the cipher by trying probable words (or fragments of words where they run on from one grille position to the next) and testing whether they throw up sense when the grille is given a half-turn.

6.3 Let us examine the following cryptogram:

```
ESRNA   THTEE   CETAM   SYIPD
OYNEO   NAEGX   XEUNT   R
```
                                        36 letters

Note that it has thirty-six letters and therefore must fall into a square 6 × 6. We write it into such a square:

```
        ESRNAT
        HTEECE
        TAMSYI
        PDOYNE
        ONAEGX
        XEUNTR
```

Suppose we suspect that ENEMY is a probable word. First we check that we have all the necessary letters within a reasonable distance of each other. It may, of course, fall into two units of the grille, but here we will assume it falls into the first unit. The first letter of ENEMY could be the letter E in the top line of the

REVOLVING GRILLES

square, and N follows it at a distance of three letters. There are three E's on the next line, followed by M and Y in the third line. Thus we have a tentative, partial grille:

1	2	3	4	5	6
7	8	9	10	11	12
13	14	15	16	17	18
19	20	21	22	23	24
25	26	27	28	29	30
31	32	33	34	35	36

Ⓔ₁	S̸	R	Ⓝ₄	A	T̸
H	T	E̸	E	C	Ⓔ₁₂
T̸	A	Ⓜ₁₅	S̸	Ⓨ₁₇	I
P	D̸	Ø	Y̸	N	E̸
Ø	N	Ⓐ	E̸	Ⓖ	X
X̸	Ⓔ	D̸	Ⓝ	T̸	R̸

If we imagine a grille with cell 1 clipped (revealing the letter E), when the grille is rotated none of the corresponding letters at cells 6, 36 and 31 can be written in at this first position of the grille. If we did this, those four letters would show up all the time as cell 1 moved in turn to the other three corners of the square. This applies to any other cell in the square. So we can eliminate the letters T (cell 6), R (cell 36) and X (cell 31). Similarly, a clipped cell at 4, when rotated, will in turn indicate that the letters E (cell 24), U (cell 33) and T (cell 13) can be eliminated at this stage. M (cell 15) will similarly indicate the elimination on rotation of the grille of letters S (16), Y (22) and O (21). Finally, Y (17) eliminates E (28), D (20) and E (9). With cells 1, 4, 15 and 17 clipped, the grille is rotated two quarter-turns (i.e. one half-turn), so that the top half is lying over the bottom half of the message, and *vice versa*. Corresponding to the letters ENEMY
E
A
in the top half, we can read R U O Y D in the bottom half. We
O
A
reverse this to get D Y E U R. The word ...YOUR is immediately suggested. Now the letter O is in cell 25, so we can determine

which E to take in the top half to supply the missing letter in
EN.MY. It will be remembered that we had a choice of three E's.
It is the E in cell 12. This in turn eliminates T (35), O (25) and S (2).
If we ring E (12) and strike out T (35), O (25) and S (2), we now
have a limited number of letters in the lower half from which
to spell out the next part of the message, following the word
ENEMY. These are PNNAGXEN. Possible words are PEN, PAN,
PAX and AGEN– (AGENT). Ringing A (27), G (29), E (32) and
N (34), and clipping these cells in the grille, we find the grille
is complete, with nine cells clipped for position 1. If all this
sounds a little confusing, the reader is advised to make his own
grille and carry out the actual clipping, as indicated above.
Matters will then become much clearer.

Rotating the grille a quarter-turn at a time, the message
continues: (position 2) THASPENET; (position 3) RATEDYOUR;
(position 4) SECTIONXX. The complete message now reads:

ENEMY AGENT HAS PENETRATED YOUR SECTION XX

6.4 If a probable word does not readily suggest itself, you can
always try common trigrams and long letter-sequences: THE,
-ING, AND, -ION, -ENT, -TION, -MENT, -ENCE, -ABLE, THAT, WITH,
HAVE, FROM, THIS. Another way of solving this type of cipher,
when using letter-sequences, is to write out the entire cryptogram
and then repeat it underneath in reverse. Suppose we have the
following cryptogram:

```
    U N N R L    D O Y T H    P G E F E    W N R A A
    M L A T F    E T R N N    X E P E O    I          36 letters

    1  2  3  4  5  6  7  8  9 10 11 12 13 14 15 16 17 18
    U  N  N  R  L  D  O  Y  T  H  P  G  E  F  E  W  N  R
    I  O  E  P  E  X  N  N  R  T  E  F  T  A  L  M  A  A
   36 35 34 33 32 31 30 29 28 27 26 25 24 23 22 21 20 19
```

The first letter U could combine with N, R or L. The bigram UN
(cells 1 and 3) has the corresponding letters OI (in reverse) (cells
35 and 36), which is a fairly infrequent bigram. The bigram UR
(cells 1 and 4) has the corresponding letters PI (cells 33 and 36),

REVOLVING GRILLES

which is reasonable. Continuing the bigram UR..., we have URT (cells 1, 4 and 9), URP (cells 1, 4 and 11) and URG (cells 1, 4 and 12). The reverse trigrams, corresponding to URT, URP and URG, are RPI, EPI, and FPI respectively. URG... suggests the word URGENT. We find the next letter E after URG at cells 13 and 15, N at 17 and T at 24. If we confine ourselves to the top half of the grille (i.e. up to cell 18), we have URGEN..., and the corresponding letters reversed are A $\genfrac{}{}{0pt}{}{L}{T}$ F P I . . . . ALF suggests HALF, and P I . . . suggests PINT. At least, if we accept HALF as probable, we can determine which E is correct in URGENT. It is that in cell 15, corresponding to L in cell 22. We ring and number the cells occupying URGEN... in the square:

1	2	3	4	5	6
7	8	9	10	11	12
13	14	15	16	17	18
19	20	21	22	23	24
25	26	27	28	29	30
31	32	33	34	35	36

Ⓤ₁	N̸	N	Ⓡ₄	L	D̸
O	Y	T̸	H̸	P	Ⓖ₁₂
E̸	F̸	Ⓔ₁₅	W̸	Ⓝ₁₇	T
A	A̸	M̸	L̸	A̸	T̸
F̸	E	Ⓣ₂₇	R̸	N	N
X̸	E	F̸	E	Ø	X̸

In position 1, U (1) cancels D (6), I (36) and X (31) upon rotation. R (4) on rotation eliminates T (24), P (33) and E (13). G (12) eliminates O (35), F (25) and N (2). E (15) cancels W (16), L (22) and M (21). N (17) eliminates R (28), A (20) and T (9). Finally, T (27) cancels F (14), H (10) and A (23). If we delete the eliminated letters at this stage, we can see what letters are possible in the lower half with the grille in position 1. Note that we have used up six letters in the first position of the grille (URGENT) so there remain three for the next part of the message. The only letters left after T (cell 27) are NNEE. So the word must begin NEE..., and the word NEED suggests itself. We do not know which of the two N's to take, but both E's will be required to complete the nine cells in position 1. If we ring and number these, we have eight out of the nine cells required for the grille:

      U   R
      1   4

                      G
                      12

           E   N
         15   17

          T
         27

     E   E
    32   34

If we now construct a grille with the cells shown above clipped out, we can test it in the remaining three positions to see if it makes sense:

    Position 2 reads (reversed):   D O F W A T . R O
    Position 3 reads (reversed):   N L . H A L F P I
    Position 4 reads (reversed):   N T . E R M A N X

Putting all the text together, we have:

    U R G E N T N E E D O F W A T . R O N L .
    H A L F P I N T . E R M A N X

which can easily be completed to read:

    Urgent need of water only half pint per man x.

The missing cell is 29. The complete grille will be:

U₁			R₄		
					G₁₂
		E₁₅		N₁₇	
		T₂₇		N₂₉	
	E₃₂		E₃₄		

6.5 Obviously, the length of a message will not always be a number which is a square. In that case, a suitable square is chosen and used several times until the whole of the message has been written in. The last block will be filled up with nonsense letters in order to complete the square.

Suppose we are given a cryptogram in three blocks. In practice, we would, of course, have a cryptogram in five-letter groups. It would then be for us to decide which square had been used and how many times. Here, we are presented with a square of thirty-six cells, used three times:

1	2	3
S T B H H A	D Y C E A U	E M C Y B E
P P C E E O	R A S O G U	C O T A E O
B N E E N D	E S N G T E	R S N N L S
S R U I E K	P N E T N A	E T E H U O
N I T E L H	T C S N C T	L C I Q I F
A D M I N S	E T U A O R	H A Q R T T

We have seen in § 6.1 that when a particular letter is under consideration, and the grille is clipped over that letter, the three other corresponding letters can be eliminated, as possible text, in that position of the grille. Now that we are dealing with a longer cryptogram (108 or 3 × 36 letters in length), we can see that there is a relationship between any particular letter in the first block and the corresponding letters in the other two blocks. For example, suppose that cell 1 is clipped in position 1 of a 36-cell block. In block 1, as it rotates it will uncover the letters in cells 6, 36 and 31. So the four letters revealed by cell 1 may be indicated by the series 1–6–36–31. This is true for all the blocks. Similar index sequences can be established for each cell, and if these are set out vertically (with repetition of the first three figures) on strips and the corresponding letters from each block written vertically underneath we shall be in a position to start trying to build probable words. Any word started in one of the blocks will have the corresponding text immediately visible in the other blocks and, if these make sense, then the cryptanalyst will know that he is making progress.

Index sequences for making strips for 36-cell block

Strip no.:	1	2	3	4	5	6	7	8	9
Index no.:	1	2	3	7	8	9	13	14	15
	6	12	18	5	11	17	4	10	16
	36	35	34	30	29	28	24	23	22
	31	25	19	32	26	20	33	27	21
	1	2	3	7	8	9	13	14	15
	6	12	18	5	11	17	4	10	16
	36	35	34	30	29	28	24	23	22

Block 1:

S	T	B	P	P	C	B	N	E
A	O	D	H	E	N	H	E	E
S	N	I	H	L	E	K	E	I
A	N	S	D	I	R	M	T	U
S	T	B	P	P	C	B	N	E
A	O	D	H	E	N	H	E	E
S	N	I	H	L	E	K	E	I

Block 2:

D	Y	C	R	A	S	E	S	N
U	U	E	A	G	T	E	O	G
R	O	A	T	C	N	A	N	T
E	T	P	T	C	N	U	S	E
D	Y	C	R	A	S	E	S	N
U	U	E	A	G	T	E	O	G
R	O	A	T	C	N	A	N	T

REVOLVING GRILLES

Block 3:
```
E M C C O T R S N
E O S B E L Y A N
T T R F I Q O U H
H L E A C T Q I E
E M C C O T R S N
E O S B E L Y A N
T T R F I Q O U H
```

We will try for one of the common trigrams, say THE. After several efforts, the following position seems promising:

```
           7  8
       2   5 11
      12  30 29
      35  32 26
      25   7  8
       2   5 11
      12  30 29
      35
```

Block 1:
```
          P P
          T H E
          O H L
          N D I
          N P P
          T H E
          O H L
          N
```

Block 2:
```
          R A
          Y A G
          U T C
          O T C
          T R A
          Y A G
          U T C
          O
```

Block 3:

```
        C O
      M B E
      O F I
      T A C
      L C O
      M B E
      O F I
      T
```

MBE calls for an R if the word is NUMBER or MEMBER. The strip headed 13 has R in block 3 and YAGE in block 2. Suppose YAGE goes on to read Y.AGENTS. The strips headed 9, 15 and 14 give NTS in block 2, and make sense in the corresponding lines in block 1 (THEBRIT) and block 3 (MBERTHI):

```
                       9     14
                      17 15 10  3  1
             7  8     28 16 23 18  6
       2  5 11 13     20 22 27 34 36
      12 30 29  4      9 21 14 19 31
      35 32 26 24     17 15 10  3  1
      25  7  8 33     28 16 23 18  6
       2  5 11 13        22    34 36
      12 30 29  4
      35    24
```

Block 1:

```
              C   N
              N E E·B S
        P P   E E E D A
      T H E B R I T I S
      O H L H C U N S A
      N D I K N E E B S
      N P P M E E E D A
      T H E B   I   I S
      O H L H
      N     K
```

REVOLVING GRILLES

Block 2:

```
                  S   S
              T N O C D
        R A   N G N E U
        Y A G E N T S A R
        U T C E S E S P E
        O T C A T N O C D
        T R A U N G N E U
        Y A G E   T   A R
        U T C E
        O     A
```

Block 3:

```
                  T   S
              L N A C E
        C O   Q N U S E
        M B E R T H I R T
        O F I Y T E S E H
        T A C O L N A C E
        L C O Q Q N U S E
        M B E R   H   R T
        O F I Y
        T     O
```

The number sequence at the head of the strips 2–5–11–13–20–22–27–34–36 gives the numbers of the cells that have to be clipped. When a grille has been constructed and these cells clipped, the original message is soon recovered:

THE BRITISH CONSUL HAS BEEN KIDNAPPED ENEMY AGENTS ARE

SUSPECTED CONTACT OUR AGENT NUMBER THIRTY TO SEE IF

HE CAN LOCATE CONSUL QQ

PROBLEMS

1. Rotating grille. Probable word: ISRAEL.

```
    I B N S N    R O T I E    G Y A T S    R P E A L
    E O L C M    O F F T T    I L I H S    H A A I N
```

```
EMIIM   SMEEN   DSGID   VITTL
EERSO   NERSI   BAOGA   TEHST
LTTNH   AEOEA   NTNTT   XHAAE
                                100 letters
```

2. Rotating grille. Probable word: MIRROR.

```
CAINR   DAEWS   ONRHS   TELSH
HIHDC   ETDUA   PIITG   WHRIO
CLANL   YRMTL   IEHWR   SYRAO
BECR                            64 letters
```

3. Rotating grille. Three blocks of thirty-six cells each. Probable words: THE, SHE, FOR.

```
OFALW   OTINO   NNRDL   AOIST
NHGEM   VEHOL   CEMYR   RSEAA
SNSRL   VOETE   ORFOS   TNEDD
OHEHN   RMESC   IWETT   TSOYE
SATER   NESSB   ETAHL   ELNIV
QNPEQ   ERN                     108 letters
```

7 Rectangular Columnar Transposition

7.1 In Chapter 5 we looked at the transposition of the columns in regular rectangles, where the message exactly filled the rectangle. The cipher can be made more secure, however, if the rectangle is left uncompleted, with some columns one letter longer than the others. In addition, a number of nulls (from one to four) are added at the end of the message to bring the total number of letters up to a multiple of five. This is done because radio or telegraph messages are usually transmitted in groups of five letters. A message of 104 letters is written into a rectangular block under the keyword LAUGHTER. A single X is added to make up the number of letters to a multiple of five. The letters of the keyword are numbered according to the order of their appearance in the alphabet, starting with A, which is numbered 1, followed by E, which becomes 2, and so on.

```
L A U G H T E R
5 1 8 3 4 7 2 6

A D D R E S S I
N G T H E C E M
E T E R Y W O R
K E R S T R I E
N N I A L G A L
A A T L L A N D
U D N O Y E S T
E R D A Y T H E
P R I M E M I N
I S T E R W A S
I N F I N E E L
E C T I O N E E
R I N G F O R M
X
```

The columns are taken out in the order of the numbered letters of the keyword, starting with A, column 1, and following with E, column 2, the whole being grouped in fives:

```
DGTEN    ADRRS    NCISE    OIANS
HIAEE    RRHRS    ALOAM    EIIGE
EYTLL    YYERN    OFANE    KNAUE
PIIER    XIMRE    LDTEN    SLEMS
CWRGA    ETMWE    NODTE    RITND
ITFTN                                105
```

7.2 To solve the above cryptogram the first thing is to find the key-length, as this will determine within one letter the length of the columns (total number of letters divided by the key-length equals length of columns). Suppose we suspect that the words THE PRIME MINISTER occur in the cryptogram. We examine the text to check that all the letters of the phrase do, in fact, occur. The text is then searched for each of the opening letters of the phrase THEPR, and each occurrence of the letters is recorded wherever it is *immediately* followed by a letter from the phrase THE PRIME MINISTER. Each time the letter T occurs, followed by a letter in the phrase THE PRIME MINISTER, this is recorded, together with their distance apart *in the phrase*. And so on for the other letters H, E, P and R.

Letter	Bigrams found	1	2	3	4	5	6	7	8	9	10	11	12	13	14
T	TE		2					7							14
	TE		2					7							14
	TE		2					7							14
	TN										10				
	TN										10				
	TM						6		8						
H	HI				4				8		10				
	EN								8						

RECTANGULAR COLUMNAR TRANSPOSITION

	EE				5		13
	ER	2					13
	EI		3		7	9	
	EP	1					
P	PI	2		6	8		
R	RR						11
	RS				8		
	RN			6			
	RE		3				10
	RI	1		5	7		

Note that under each of the letters T, H, E, P and R there is one bigram at a distance of eight letters apart in the phrase THE PRIME MINISTER. If we set up the letters THEPR with the other letter of the '8' bigram underneath, we have:

T H E P R

M I N I S

It looks as if the cryptogram has a key-length of eight. Continuing the phrase, we have:

T H E P R I M E

M I N I S T E R

If we set up embryo columns based on the above, taking a few letters before and after each bigram from the cryptogram, our block looks like this:

```
Column numbers:  1 2 3 4 5 6 7 8
Key numbers:     7 2 6 5 1 8 3 4

                 G A L A A T L L
                 A N D U D N O Y
                 E S T E R D A Y
                 T H E P R I M E
```

```
            M I N I S T E R
            W A S I N F I N
            E E L E C T I O
            N E E R I N G F
```

We can now block off tentative columns in the text of the cryptogram and number them 1–8, as this is the order in which they must have been taken out of the rectangle:

```
                    1                              2
D G T E N [A D R R S  N C I] S E   O I [A N S  H I A E] E
                    3                              4
R R H R S  A [L O A M  E I I G] E   E Y T L [L  Y Y E R N
                    5                                    6
O F] A N E  K N [A U E  P I I E] R   X I M R E [L D T E N
                    7
S L E] M S  C W R [G A  E T M W E  N] O D T E  R I [T N D
8
I T F T N]
```

The unused five letters DGTEN before column 1 must belong to that column. The unused letters SEOI after column 1 must belong to column 2, and so on through the rest of the text. The columns in the original block can also be given key numbers, indicating the order in which they were taken out to form the cryptogram. Thus the column ADDRRSNCI, which we find at the beginning of the cryptogram, must have been taken out first and so is numbered 1. Similarly, the other columns can also be numbered. The original rectangle now appears thus:

Column numbers: 1 2 3 4 5 6 7 8
Key numbers: 7 2 6 5 1 8 3 4

```
                         O R
                M   X A D D R E
                S S I N G T H E
                C E M E T E R Y
                W O R K E R S T
```

```
          R I E N N I A L
          G A L A A T L L
          A N D U D N O Y
          E S T E R D A Y
          T H E P R I M E
          M I N I S T E R
          W A S I N F I N
          E E L E C T I O
          N E E R I N G F
```

The columns in the rectangle need a little adjustment to make sense. The message obviously begins at column 4 (key-number 5): ADDRESSING... To construct the original rectangle we move the block with the key-numbers 726 over to the right of the block 51834 and then move it up one line, with the result:

Key numbers: 5 1 8 3 4 7 2 6

```
              O R   M   X
          A D D R E S S I
          N G T H E C E M
          E T E R Y W O R
          K E R S T R I E
          N N I A L G A L
          A A T L L A N D
          U D N O Y E S T
          E R D A Y T H E
          P R I M E M I N
          I S T E R W A S
          I N F I N E E L
          E C T I O N E E
          R I N G F
```

The letters O, R and M at the top of columns 8, 3 and 7 go to the bottom of columns 7, 2 and 6 respectively. X at the top of column 6 goes to the bottom of column 5. The final rectangle now appears:

Key numbers: 5 1 8 3 4 7 2 6

```
A D D R E S S I
N G T H E C E M
E T E R Y W O R
K E R S T R I E
N N I A L G A L
A A T L L A N D
U D N O Y E S T
E R D A Y T H E
P R I M E M I N
I S T E R W A S
I N F I N E E L
E C T I O N E E
R I N G F O R M
X
```

PROBLEMS

1. Probable word: GOVERNMENT.

```
T O D E O    D R I I A    E R N N D    T H X E S
A U A W F    L I N O I    G E G R R    W C V S B
I G A T S    R R O N A    I O H N H    N R Y O L
V I N N D    M A B T A    U B D O T    E C A T H
L E A N I    P E O E E    L N U A Y    T T E V T
I T O P L    E F O E R    T G H E A    R N S S S
```

RECTANGULAR COLUMNAR TRANSPOSITION

2. Probable word: COLLECTION.

```
O O L M A   L I N E C   M Q O T O   E T N T N
I D I N N   C M R E E   E C I G A   T N V A V
T T S O E   H G E F H   M M S O R   M T O S H
O L X L N   I P N Y C   F S O R U   M W T N C
E S I A E   R I E A L   T R N E L   O S S D U
T O T N H   I T O E T                           110
```

3. Probable word: TYPEWRITERS.

```
W G B F R   S E T E C   Y O N R G   Q T T U G
T N U L E   C I V D O   T O R E A   I C C W I
L S S U W   E S P R N   I P D T V   N R H N T
S I Q Y E   I A Y T N   I K T G E   S D K N E
S E N E I   N E E I T   P E T N Q   I N R F E
O O T E E   E N O E T                           110
```

4. Probable word: MOUNTAINS.

```
A L A A N   L N C T E   I I K C H   D O L L I
M I E A E   E L D M B   I D R S S   I L O N P
M W E I I   O E V R D   D H Y O T   O O V H D
N N I H U   Y T O D L   U S A I S   B V N D A
E E S C E   O V N A P   R I R S G   G T F N A  100
```

5. Probable word: PRINCESS ANNE.

```
E E O K S   L S L Y I   I N V E O   M T X N A
E E H G E   C P S S R   T E I G E   H G Y S D
L L E B L   R A I H P   E N T T A   N M A E E
H K O P S   R T O N E   E E M H H   D N R A E
A E A A M   C E R X T   R F I A S   W D T C N
N E C L A   S X E S T   N N A E B   H E C E D
A Y R T X                                       125
```

6. Probable word: EASTERN EUROPE.

```
F N P T A   R I P T U   E A S T U   R F G D U
E N I M K   E U M U N   O L R B N   R T P E F
R G X M U   G O E E D   A O P L C   R G N O R
V S O I M   A E H E R   O E Y P O   I I H S O
X O U N X
```

8 Solving an Unknown Cipher

8.1 In the problems set at the end of the practical chapters, the reader is told the type of cipher used in each case. In Chapter 2, for example, problems 1–10 are all simple substitution ciphers. These are made even easier to solve by being grouped under the various types of simple substitution ciphers. Problems 1–5 are Caesar ciphers, problems 6–9 are inverse alphabet ciphers, while Problem 10 uses a transposition mixed cipher alphabet.

When the reader comes to tackle an unknown cipher, he first of all has to determine the original language. He will get clues from the source of the cipher: the nationality of the writer will suggest the language used in the original message. An ambassador writing to his sovereign will naturally use his native language, but a monk during the Middle Ages may well have used Latin. The question of which language has been used is very important, as each language has its own peculiarities in the frequencies of its common letters, syllables and words. These are set out in detail in the Appendix.

The next step is to classify the unknown cipher: is it a substitution cipher or a transposition cipher? We saw in Chapter 2, §2.9, that in any given language there is a remarkable consistency in the relative frequency of occurrence of individual letters. First, there is a high-frequency group, consisting (in the case of English) of the nine letters E, T, A, O, N, I, S, R and H (possibly with slight variations in the order after the letter E). This high-frequency group accounts for some 70% of the text. Next, we have a medium-frequency group, consisting of the letters L, D, C, U, P, F, M, W and Y (accounting for slightly under 25% of the text). The order here is much more variable. Finally, there is a low-frequency group, consisting of the letters B, G, V, K, Q, X, J and Z (slightly over 5% of the text). If a count is made of the individual letters of an unknown cipher and the resulting frequencies arranged in descending order, we shall have an indication as to whether we are dealing with a substitution or a transposition cipher. The frequency count of a substitution cipher will bear no relation to the standard frequency of a plain unciphered English text, at least as far as the individual letters are concerned. In the frequency count of the cipher given in Chapter 2, §2.10, the high-frequency group contains the letters G, D, V, N, Q, A, O, I and K and comprises 72% of the ciphertext. The medium-frequency group (TXPJLEWUH) comprises 25% and the low-frequency group (MRSYZBCF), a mere 3%. This is near enough to plaintext figures of 70%, 25% and 5% respectively to decide that we are dealing with a substitution cipher.

A *transposition cipher* merely shuffles the letters of the original text according to some prearranged plan. A frequency count of the individual letters of the ciphertext will therefore be identical to a frequency count of the letters of the original text. We can use this fact to apply a *group frequency test* to an unknown cipher, which we suspect of being a transposition cipher. It has been calculated that the vowels A, E, I, O and U account for about 40% of the total text (in the case of English). The high-frequency consonants L, N, R, S and T account for about 30% and the low-frequency consonants J, K, Q, X and Z, a trifling 2%. These percentages are subject to a 5% variation either way, so the group frequency table reads:

			Permitted variation
Vowels:	A E I O U	40%	35–45%
Consonants:	L N R S T	30%	25–35%
Consonants:	J K Q X Z	2%	0–7%

Let us test this by making a frequency count of the transposition cipher given in Problem 7 at the end of Chapter 5:

```
CHHEE   TTAVD   AIAHA   FJNAT
LSMSB   OANSR   LSYDF   CDSVE
AGAIT   EDADI   RLGOT   YYEIP
LLNOY   OUTCR   RAREE   YNINU
EEDTT   TLETA   EOSYR   SELOR
SFRHI   VELYF   LCEEB   LILOE    120
```

Frequency count of single letters

A	B	C	D	E	F	G	H	I	J	K	L	M
11	2	4	6	16	4	2	4	7	1	–	11	1

	N	O	P	Q	R	S	T	U	V	W	X	Y	Z	
	5	7	1	–	8	8	10	2	3	–	–	7	–	120

From this we can calculate the group frequencies:

	No. of letters					Actual percentage	Permitted variation
Vowels:	A	E	I	O	U		
	11	16	7	7	2 = 43	36%	35–45%
Consonants:	L	N	S	R	T		
	11	5	8	8	10 = 42	35%	25–35%
Consonants:	J	K	Q	X	Z		
	1	–	–	–	– = 1	0·1%	0–7%

We thus have confirmation that this is probably a transposition cipher. A warning should be given here. A clever cryptographer could devise a simple substitution cipher so that a message written on it would have all the characteristics of a transposition cipher. The presence of repeated sequences, however, will reveal the fact that we are dealing with a simple substitution cipher. Also, by using code-groups made up of consonants and vowels, it is possible to make a code look like a transposition cipher, insofar as the frequency count is concerned.

8.2 Simple substitution

We have seen that the frequency of a simple substitution cipher resembles the pattern of the normal frequency of plain language, but applied to different letters. Also, that any repetitions of bigrams (two letters), trigrams (three letters) and longer letter-sequences in the original text will show up as repeated sequences in a simple substitution cipher. If an unknown ciphertext shows a normal frequency pattern, but without repeated sequences, we can suspect a double enciphering process: simple substitution, say, followed by transposition. This type of cipher can be solved by trying different rearrangements of the ciphertext in order to recover the repeated sequences of the simple substitution ciphertext. For example, suppose a ciphertext reads:

```
KWNLN    NSUFU    JOFYY    EHQEO
LOKEN    NLNNE    OLEPW    PEJWU
ELPSN    ADDOK    WZPDZ    IEKOE
PWKKN    HNVNI    SEKDE    SSLIK
KOQNV    NABUB    USWIU    SOUMO
UUSUO    LZPWZ    FJZNK    KIBNM
```

We make a frequency count of single letters:

A	B	C	D	E	F	G	H	I	J	K	L	M
2	3	–	4	11	3	–	2	5	3	11	7	2

N	O	P	Q	R	S	T	U	V	W	X	Y	Z
15	10	6	2	–	8	–	10	2	7	–	2	5

or, in descending order of frequency:

N	E	K	O	U	S	L	W	P
15	11	11	10	10	8	7	7	6

Z	I	D	B	F	J	A	H	M	Q	V	Y
5	5	4	3	3	3	2	2	2	2	2	2

C	G	R	T	X
–	–	–	–	–

We can see there is a high-frequency group, a middle-frequency group and a low-frequency group. In addition, the nine most frequent letters (NEKOUSLWP) total 85, which is 70% of the total text of 120 letters. This satisfies the criterion of a normal frequency pattern, namely that the high-frequency group (representing the cleartext letters ETAONISRH—not necessarily in that order after E) accounts for some 70% of the total text. As for repeated sequences, EOL is repeated in groups 4 and 6, and there are several bigram repeats, but there is not the number of repetitions that we would expect in a normal simple substitution cipher. So we are led to suspect that we have a simple substitution cipher followed by a second process—possibly a transposition. The problem is to get the transposed ciphertext back into its original cipher order and then to solve as for a simple substitution cipher.

SOLVING AN UNKNOWN CIPHER

The total number of letters—120—factorizes into 12 × 10 and 10 × 12. Write the ciphertext downwards in a 12 × 10 rectangle:

```
K J L O E W P S K U U F
W O O L L Z W E O S U J
N F K E P P K K Q W S Z
L Y E P S D K D N I U N
N Y N W N Z N E V U O K
N E N P A I H S N S L K
S H L E D E N S A O Z I
U Q N J D K V L B U P B
F E N W O O N I U M W N
U O E U K E I K B O Z M
```

Apart from woo, there are not sufficient repeats for this to be the text in its original cipher order. Now try a rectangle of 10 × 12:

```
K F N E O P K V O W
W Y N J K W D N U Z
N Y L W W K E A M F
L E N U Z K S B O J
N H N E P N S U U Z
N Q E L D H L B U N
S E O P Z N I U S K
U O L S I V K S U K
F L E N E N K W O I
U O P A K I O I L B
J K W D O S Q U Z N
O E P D E E N S P M
```

The underlined repeats look very promising. If the cipher is now in its original order, we can solve it as for a straightforward simple substitution cipher. Write the ciphertext in groups of five:

```
                                        4
    K F N E O    P K V O W    W Y N J K    W D N U Z
                                        8
    N Y L W W    K E A M F    L E N U Z    K S B O J
                                       12
    N H N E P    N S U U Z    N Q E L D    H L B U N
                                       16
    S E O P Z    N I U S K    U O L S I    V K S U K
                                       20
    F L E N E    N K W O I    U O P A K    I O I L B
                                       24
    J K W D O    S Q U Z N    O E P D E    E N S P M
```

We now make a contact frequency table (as explained in Chapter 2):

```
    2  A    E P
           M K

    3  B    S L L
           O U J

    -  C

    4  D    W L W P
           D H O E

   11  E    N K L N Q S L N O D E
           O A N P L O N N P E N

    3  F    K M K
           N L L

    -  G

    2  H    N D
           N L

    5  I    N S O K O
           U V U O L

    3  J    N O B
           K N K
```

SOLVING AN UNKNOWN CIPHER

```
11  K   - P J W Z S V U N A J
        F V W E S U S F W I W

 7  L   Y F E H O F I
        W E D B S E B

 2  M   A P
        F -

15  N   F Y D Z E J H P Z U Z E E Z E
        E J U Y U H E S Q S I E K O S

10  O   E V B E U W U I D N
        P W J P L I P I S E

 6  P   O E O O E S
        K N Z A D M

 2  Q   N S
        E U

-   R

 8  S   K N N U L K O N
        B U E K I U Q P

-   T

10  U   N N S U B I K S I Q
        Z Z U Z N S O K O Z

 2  V   K I
        O K

 7  W   O W K L W K K
        W Y D W K O D

-   X

 2  Y   W N
        N L

 5  Z   U U U P U
        N K N N N
```

This shows, for example, that A occurs twice, and is preceded by E and followed by M, and preceded by P and followed by K.

Looking along the bottom row opposite each letter in the frequency table above, we find the following bigrams occur twice or more:

EO 2, EN 4, EP 2, FL 2, IU 2, JK 2, KF 2, KW 3, KS 2, LE 2, LB 2, NE 3, NU 2, NS 3, OP 3, OI 2, SU 2, UZ 4, UO 2, WW 2, WD 2, ZN 4.

From these bigrams we get the following trigrams:

NEO, SEO, <u>LEN</u>, <u>LEN</u>, NEN, EEN, NEP, OEP, MFL, KFL, NIU, OIU, NJK, BJK, –KF, UKF, <u>JKW</u>, NKW, <u>JKW</u>, ZKS, VKS, <u>FLE</u>, <u>FLE</u>, HLB, ILB, FNE, HNE, ENE, DNU, ENU, PNS, UNS, ENS, <u>EOP</u>, <u>EOP</u>, UOP, WOI, IOI, NSU, KSU, <u>NUZ</u>, <u>NUZ</u>, UUZ, QUZ, KUO, IUO, OWW, LWW, <u>KWD</u>, <u>KWD</u>, <u>UZN</u>, <u>UZN</u>, PZN, <u>UZN</u>.

Repeated trigrams are:

LEN 2, JKW 2, FLE 2, EOP 2, NUZ 2, KWD 2, UZN 3.

The most frequent trigram in English is THE. If we equate this to UZN, we have U = *t*, Z = *h* and N = *e*. The frequencies of these cipher letters are 10, 5 and 15 respectively. N (= e), with a frequency of 15 out of 120 letters, gives a frequency of 12·5%, which is very nearly the expected frequency of 12·3% for *e*. U (= t), with a frequency of 10 out of 120 letters, has 8·3%, compared with the normal frequency for *t* of 9·5%. Z (= h) occurs five times, which is 4·2%, compared with the expected frequency for *h* of 5·1%. These values are close enough for us to assume that UZN = *the* and to substitute these values throughout the ciphertext:

```
                                              4
K F N E O   P K V O W   W Y N J K   W D N U Z
    e                       e           e t h
                                              8
N Y L W W   K E A M F   L E N U Z   K S B O J
e                         e t h
                                             12
N H N E P   N S U U Z   N Q E L D   H L B U N
e   e         e t h     e                 t e
```

```
                                              16
S E O P Z    N I U S K    U O L S I    V K S U K
    h          e   t         t              t

                                              20
F L E N E    N K W O I    U O P A K    I O I L B
    e            e            t

                                              24
J K W D O    S Q U Z N    O E P D E    E N S P M
                t h e                      e
```

After *e*, *a* is the most frequent letter to follow *th*. In groups 7 and 8 we have NUZKS. If K = *a*, then we have a word beginning
e t h
tha–, and this is probably *than*, giving another cipher value, s = *n*. s occurs eight times in the text, a frequency of 6·5%, which agrees very well with the normal frequency of *n* (6%). If we fill in this value s = *n* in the text, groups 14 and 15 read:

```
         N I U S K  U O L S I
         e . t n a    t . . n .
```

nat..n could read *nation*, giving o = *i* and L = *o*. Fill in these values in the text:

```
                                              4
K F N E O    P K V O W    W Y N J K    W D N U Z
A   e   i      a   i         e   a       e t h

                                              8
N Y L W W    K E A M F    L E N U Z    K S B O J
e   o          a            o e t h    a n   i

                                              12
N H N E P    N S U U Z    N Q E L D    H L B U N
e   e          e n t t h     e   o         o   t h

                                              16
S E O P Z    N I U S K    U O L S I    V K S U K
n i h          e   t n a    t i o n       a n t a

                                              20
F L E N E    N K W O I    U O P A K    I O I L B
  o   e        e a   i     t i   a     i   o
```

                                                                24
```
J K W D O    S Q U Z N    O E P D E    E N S P M
  a    i   n  t h e       i            e   n
```

Groups 1 and 2:

```
K F N E O P K V O W
A . e . i . a . i .
```

could read *America.i*, giving F = *m*, E = *r* and P = *c*. The last two groups now read:

```
O E P D E E N S P M
i r c . r r e n c .
```

and the word *c . rrenc .* must be *currency*, yielding another two values, D = *u* and M = *y*. Groups 17, 18 and 19 read:

```
F L E N E N K W O I U O P A K
. o r e r e a . i . t i c . a
```

rea . i . tic must be *realistic*, and *. ore* looks very much like *more*. More values to insert in the cipher: F = *m*, W = *l*, I = *s*.

Groups 9 and 10:

```
N H N E P N S U U Z
e . e r c e n t t h
```

suggest that the word must be *per cent*. So H = *p*. The ciphertext, with partial solution, now reads:

```
                                             4
K F N E O    P K V O W    W Y N J K    W D N U Z
A m e r i    c a   i l    l  e   a    l u e t h

                                             8
N Y L W W    K E A M F    L E N U Z    K S B O J
  e  o l l   a r   y m    o r e t h    a n   i

                                            12
N H N E P    N S U U Z    N Q E L D    H L B U N
e p e r c    e n t t h    e   r o u    p o   t e
```

SOLVING AN UNKNOWN CIPHER

```
                                        16
S E O P Z    N I U S K    U O L S I    V K S U K
n r i c h    e s t n a    t i o n s       a n t a

                                        20
F L E N E    N K W O I    U O P A K    I O I L B
m o r e r    e a l i s    t i c   a    s i s o

                                        24
J K W D O    S Q U Z N    O E P D E    E N S P M
a l u i      n   t h e    i r c u r    r e n c y
```

Groups 2 and 3 read:

```
P K V O W W Y N J K
c a . i l l . e . a
```

The word *.ill* must be *will*, giving v = *w*. Groups 5 and 6 read:

```
N Y L W W K E A M F
e . o l l a r . y m
```

.ollar must be *dollar*, and the whole phrase reads *the dollar .y more than .i.e per cent*. The first word must be *by* and the second, *five*. New values: Y = *d*, A = *b*, B = *f* and J = *v*. Groups 21 and 22 read:

```
J K W D O S Q U Z N
v a l u i n . t h e
```

This must be *valuing*, giving Q = *g*.

The complete solution now reads:

> America will devalue the dollar by more than five per cent. The group of ten richest nations want a more realistic basis of valuing their currency.

The full key is:

```
Clear:   a b c d e f g h i j k l m
Cipher:  K A P Y N B Q Z O     W F

Clear:   n o p q r s t u v w x y z
Cipher:  S L H   E I U D J V   M
```

8.3 One way of generating a key, as we saw in Chapter 2, §2.5, is to write down a keyword, say CANTERBURY, into a rectangle, omitting any repeated letters, and then to fill in the rest of the alphabet in normal order:

```
C A N T E R B
U Y D F G H I
J K L M O P Q
S V W X Z
```

The columns are then written out under the clear alphabet to give an apparently random cipher alphabet:

Clear: a b c d e f g h i j k l m
Cipher: C U J S A Y K V N D L W T

Clear: n o p q r s t u v w x y z
Cipher: F M X E G O Z R H P B I Q

Supposing our cipher alphabet were constructed in the same way, can we reconstruct it from the cipher alphabet obtained above?

Clear: a b c d e f g h i j k l m
Cipher: K A P Y N B Q Z O . . W F

Clear: n o p q r s t u v w x y z
Cipher: S L H . E I U D J V . M .

The presence of Y in the fourth column and Z in the eighth indicates that the first two columns are of four letters each. The remaining columns therefore have three letters each and, as there are eighteen letters left (26 − 8), there are $\frac{18}{3} = 6$ columns of three letters each.

Divide the cipher alphabet into two groups of four letters and six of three letters:

K A P Y / N B Q Z /
O . . / W F S / L H . / E I U / D J V / . M .

SOLVING AN UNKNOWN CIPHER

Write down the groups from left to right in columns:

```
K N O W L E D .
A B . F H I J M
P Q . S . U V .
Y Z
```

It will easily be seen that the keyword is KNOWLEDG(E) and that the other missing letters, in alphabetical order, are C, R, T and X.

9 Codes

9.1 A code is a method of secret writing in which groups of letters or figures are assigned to particular words, phrases and even whole sentences. The code-groups and their meanings are set up in a code-book, which is usually in two parts. In the first part, the words and phrases are arranged alphabetically with their appropriate code-groups adjoining. This is the part used by the sender of a message in code, and an extract from a page would appear like this:

abandon the negotiations	DERKL
accept	KCGIP
accept your offer	LORDG
acknowledge	CRSNG
alteration	VBWAQ
alteration cannot be made (*etc.*)	PZRIW

In the second part, the code-groups are arranged alphabetically (for letters) and numerically (for figures). This part is used by the recipient to decode a message. A section would look like this:

AAAAA	payment
AAAAB	damage
AAAAC	result
AAAAD	have received your letter of
AAAAE	supplies not received (*etc.*)

9.2 Codes fall into two main classes: government diplomatic and military codes, and commercial codes. Diplomatic and military codes developed from the *nomenclators* mentioned in Chapter 1. A typical nomenclator is that used by Sir Francis Walsingham, Queen Elizabeth's Ambassador to France, in a letter dated 12th August, 1571, to Lord Burghley. A simple substitution alphabet (with many variants) is used for the ordinary text:

A	B	C	D	E	F	G	H	I	K	L
♢	c	π	ω	⊓	L	—	⇌	⊢	≠	7
♢	u	⊻	m	⊔	+	#	⸹	†	//	⁒
♢	⊃	⊻	ᴡ	⊏	⌐	#		⊤		7
♢	⋂			⊻		≠		⊥		

M	N	O	P	R	S	T	U	X	Y	Z
S	6	´4	3	⌒	▢	△	⊃	Ǝ	⋀	ℒ
5	ƍ	4⁊	⁓3	⚭	▯	◁	ⴹ		⋏	30
	6·	´4·	2	φ	⊓̣	▽	Ɔ			
			4	⌐			ⴹ̇			

Important people and places were, however, represented by small code-groups, consisting of fanciful capital letters or numbers in squares:

- 𝓐̇ = King of France
- ·𝓓· = Duke of Anjou
- 𝓔𝓖 = Queen of Navarre
- 𝓖 = Prince of Orange
- 𝓛̇ = The Vidame
- ② = Queen of Scots
- ③ = Queen (Mother)
- ⑦ = Cardinal of Lorraine
- ⑧ = Duke of Montmorency
- ⑨ = Duke of Alencon
- ⑫ = Ambassador of ...
- ⑯ = King of Spain
- ⑳ = Rochelle
- ㉓ = Spain
- ㉖ = Venice
- ㉗ = Flanders
- ㉙ = Duke of Alva
- ⓐ = Admiral
- ⊙ = Rebels of England
- ⓒ = Ireland
- ⚓ = England
- ⅲ = Germany
- ♌ = Queen of England

(*Reproduced by courtesy of the Public Record Office—Ref. No. SP. 106/2*)

It is easy to see how the nomenclator developed until it contained more and more code-groups. Gradually, common prefixes, endings, words, phrases and whole sentences were added to the growing list.

9.3 There is not space in this small volume to go fully into the question of code-breaking, which is a very long process, demanding a great deal of patience and ingenuity on the part of the cryptanalyst, and a large volume of code-messages for him to work on. The first step is to identify the STOP code-group. Variant code-groups are usually added for common words, but, human nature being what it is, encoding clerks would memorize one or two groups for the STOP and use these to avoid having to look it up in the code-book. They were supposed to ring the changes on all the variants, but, through laziness, tended to stick to one or two favourites that they knew from memory. Having identified the STOP group, the cryptanalyst begins to see the structure of the message. In English the first word in a sentence is often a noun. In German the verb usually comes at the end of the sentence—particularly the last part of a compound verb—so the word before the STOP group is probably a verb. 'The Swiss ships could use . . .' becomes in German 'Die schweizerischen Schiffe könnten . . . benutzen'. Note that the last word before the STOP—*benutzen*—is a verb. And so the slow task of unravelling the code begins. Probable meanings and guesses are entered in pencil in a decoding table, and when confirmation is obtained the meaning is entered in ink. Sometimes luck plays a part. A message in a new code may be unintelligible to the official recipient, so he requests it be repeated, perhaps in an earlier code that the cryptanalyst has already solved. So the latter now has a valuable 'crib', which will help him to break the new code.

A complication may arise in the case of figure codes if the code-groups have been enciphered by adding a constant number to each group. Suppose the plain code-group is 14823; an additive 41281 is added to this to obtain the enciphered code-group 55004. Where the two digits to be added total more than nine, the ten is not carried forward. Thus the additive digit 8 above added to plain code digit 2 gives 10, but only 0 is put down and the 1 is not carried forward.

9.4 Commercial codes

In 1688 Edward Lloyd started a coffee-house in London at which marine insurers formed the habit of meeting to discuss business. He very astutely set up a blackboard on which was written shipping information, and this developed into a weekly bulletin. In 1774 a committee was set up to deal with marine insurance and Lloyd's name became attached to it. The members of Lloyd's set up a system of light signalling from ship to shore, to report arrivals and departures, and this was based on the light signals of Polybius. Polybius (c. 200–120 or 117 B.C.), the Greek historian and son of the general Lycortas, used a system of torches with the following code:

	1	2	3	4	5
1	A	F	K	P	V
2	B	G	L	R	W
3	C	H	M	S	X
4	D	I	N	T	Y
5	E	J	O	U	Z

To transmit a message the sender had ten torches. With his left hand he would signal the number of the column in which the letter stood and with his right hand, the row in which that letter occurred. Thus the letter O was signified by three torches in the left hand and five in the right. Very soon the sending of messages was considerably speeded up by the use of code-groups to represent words and phrases.

In 1794 a system of signalling by semaphores on towers (located on high ground), which were visible at great distances, was established by Claude Chappe in France. A message passed, for instance, along the sixteen stations between Paris and Lille (a distance of 140 miles) in two minutes. Soon the whole of France was covered by a network of stations, and the system spread throughout the rest of Europe. Delaunay's code of semaphore positions had three vocabularies, giving 25 000 groups in all.

In 1843 the first electric telegraph was opened from Paddington to Slough on the Great Western Railway. A year later, the first electric telegraph opened in the United States. The Morse code played a great part in the development of the electric telegraph. Samuel Morse, born in 1791 in Charlestown, Massachusetts, U.S.A., was originally an artist, but he always retained his interest in electricity. In 1832, on board ship returning from England, he thought of the idea of sending electric impulses great distances along wires. He patented his invention, and then went a step further and invented the Morse code, by means of which messages would be transmitted on the electric telegraph. He made a study of the distribution of the type in a printer's office, and by counting the number of letters he arrived at the following frequency count for the English alphabet:

E T A I N O S H R D L U C M F W Y G P B V K Q J X Z

Using this knowledge, he designed the dots and dashes for his code, so that the most frequently used letters received the simplest symbols. If we set out the Morse code in order of complexity of the symbols, we have:

```
E     T     A     I     N     O     S     H     R     D
·     —     ·—    ··    —·    ———   ···   ····  ·—·   —··
```

The last letters of the alphabet (being the most uncommon) received the longer symbols:

```
P       V       K       J       X       Z
·——·    ···—    —·—     ·———    —··—    ——··
```

The new, speedier method of sending messages evoked a response from the code-compilers. In 1845 Francis Smith published *The Secret Corresponding Vocabulary: Adapted for Use to Morse's Electro-Magnetic Telegraph*. The same year Henry Rogers issued *The Telegraphic Dictionary and Seaman's Signal Book, Adapted to Signals by Flags or Other Semaphores; and Arranged for Secret Correspondence, through Morse's Electric-magnetic Telegraph*. The businessman wanted speed, accuracy and economy, and this he now got.

Commercial codes (replacing words, phrases and whole sentences by code-groups of figures or letters) cut the length, and hence the cost, of telegraph messages and gave security. Smith's pioneering work was followed by the publication of many different commercial codes, whose length ranged from several hundred to 100 000 groups. Smith's mixed letter and figure codegroups were replaced by words as code-groups, and the number of phrases greatly increased. Government departments used their nomenclators for the electric telegraph. Then they exchanged their 2000-group nomenclators for one-part codes, using figures rather than letters for code-groups, which were then enciphered by adding a fixed number to each group.

The old-time military commanders sat on horseback on a hill overlooking the battlefield, and couriers galloped backwards and forwards with messages to his subordinate officers. The telegraph changed all that. It enabled a commander to exercise control over great numbers of men over large distances. Universal conscription led to the raising of large national armies, as distinct from the small armies of professional soldiers that had previously operated. Nomenclators and telegraph codes were too vulnerable for military communications, so the governments turned to ciphers. These had variable keys, so that the capture of one general with his cipher material did not jeopardize the security of the whole system. At first multiple-alphabet substitution ciphers were used: the Vigenère square with short repeated keywords, which were virtually unbreakable. Then in 1863 a Major Kasiski, an officer in the Prussian Army, discovered the general solution of multiple-alphabet substitution ciphers (see Chapter 4). There followed a frantic hunt for new ciphers.

The laying of the Atlantic cable in 1866 gave a great impetus to the development of commercial codes. The ABC Code, whose first edition appeared in 1874, was destined to have a wide sale and a long life. It had an enormous vocabulary, and many useful business expressions were represented by single codewords. Other great codes were Abenheim's Telegraph Code (1874) and Hartfield's Merchants' Code of 15 000 Dictionary Words (1877).

In the middle of the twentieth century, the commercial code began to decline. There were now codes for every industry, literally hundreds of them, but after 1960 very few new ones were issued. Transatlantic telephones, teletypewriters and letters by jet, linking branches of firms to their head offices, sounded the death knell of the commercial code. But it had had a good run and had proved a useful tool in the hands of the businessman.

10 An Elizabethan Mystery Solved

10.1 The manuscript diary of Sir Arthur Throckmorton, brother-in-law of Sir Walter Raleigh, came to light in Canterbury some years ago. Dr. William Urry, Canterbury Cathedral archivist, according to the *Daily Telegraph* of 11th April, 1962, discovered the diary when a map room was cleared out six years previously. The diary went to the Cathedral either in 1870 or in the early 1920s. Dr. Urry favoured 1870, because the diary is part of the Hales family papers and the last of the main line of the family died in 1870 at Hales Place, near Canterbury. After her death, the house was sold to Jesuits expelled from France, who remained there until the early 1920s. 'We have some people at the Cathedral with very long memories, and I am sure someone would have remembered had two heavy family chests been carried in forty years ago,' said Dr. Urry. 'Nobody remembers anything about it. It is more likely the papers came to us on the death of the last of the family nearly 100 years ago.'

The diary and other Hales papers were among maps relating to the restoration of the Cathedral in the nineteenth century. The Hales chests also contained papers relating to the estates and miscellaneous items, such as detailed annual domestic accounts from 1730 to 1860.

The three folio volumes of the diary cover the periods 1578–1595 and 1609–1613. Certain entries in 1583 and 1584 were written in cipher, and Dr. Urry, knowing of the present writer's interest in the subject, asked him to examine them.

A cursory examination of the ciphertext revealed that it consisted of ordinary letters and numerals, some with distinguishing marks such as dots, dashes and cedillas. Others were invented symbols such as

$$\mathcal{R}, \square, \frown$$

10.2 In order to exhibit the method of solving an unknown cipher, we may now examine the ciphertexts in this Elizabethan diary to see how a cryptographer sets to work:

Cipher entries
[November 1583]
Tvesday: 7:

my L: H: H: and F:T: [erasure]

wahoƭƭħāðàrɗaɗʌrʃʋꞬgarLx

syr T: Layghtton and Kyllegrew and Norton.

[May 1584]
Thursday: 21:

F: Th: [erasure]

stʌh4oohɔpradq4r→ð+n4rɗàʃ₂7rIãʃʃ~ɗ

Svnday: 31:

[erasure]. *IooʌƤ4aɗ6āhh̨6àɗ4staʃ₂pxrcʃ₂7ƤE/7ā₂4àv*

[June 1584]
Thursday: 25:

vðiķmp n̲66ahàt ð:xʃ₂ uām̲B7ǎ v4n6hɔʃrusai ðʌv v+prc6āv I wrytt to *ʃ₂x mnhɗ* [9] and sent it by my man..

[July 1584]

Satterday: 4:

𝑑ä𝑎𝑒 ▢x𝑔𝑟n𝜔𝑚𝑚à𝑐ä𝑑 ∆𝑣𝑣⁺∆𝑣𝑖𝑣⁺ L𝑎б𝑛𝘩бã my Lord Anderson Cheaffe Justise 𝑣⁺8𝑛 ∫𝑥𝑥𝑛∧𝑎𝑟 𝑡𝑑⁺𝑛 𝑚∆𝑣𝑑𝘩𝑣𝑥 for quyett Inioyeng of his leasse. 𝑣⁺𝑑à𝑣𝑣⁺▢𝑣𝑖𝑣⁺ was of one thousand markes.

Thursday: 9:

I resceaued a letter from Mrs ∫∆L𝑎Ðã б𝑛𝑣𝑣⁺à𝘩̃

Fryday: 10:

C𝑎∆𝑖⁺ät 𝑣⁺𝑛 𝑣▢𝑡𝑔𝑥∆𝑟𝑑 𝑣𝑛∫4𝑣 б𝑛𝘩 ▢ ∫𝑛𝑖𝑡𝑣⁺𝑑𝑎𝑢 L𝑛𝑖𝘩𝑑𝜔∆𝑐𝑐à𝑣 ▢𝑡𝑎∆𝑣𝑥à 40s: бℎ∆l𝑟𝑢⫲𝑎𝑣 𝑣⁺𝑑𝘩𝑛𝑔à ∫𝑛𝘩= 𝑣⁺𝑛𝑡𝜔𝑜𝑣ä24𝑎𝑥𝑣𝑣⁺𝑎𝑑 𝑔𝑣⁺ 𝑣𝑥L𝑖𝘩𝑟à I wrytte a letter to Mrs L∆𝘩L▢𝘩𝑞 𝘩ℯ𝑥⫲𝑑à when as she went out of the townne.

Satterday: 11:

2üö𝑦 𝜔𝑠𝑎𝑟𝑣⁺ä ∆𝑟𝑑 𝑣▢𝜔ä ∫ℯ𝑣𝑣⁺𝘩𝑎𝑣 ∫∆𝘩ℯ L4Aб𝑛∫𝘩𝑑: and Wille Ashby with me. My ∫𝑡äⁿ𝑑 went out of London towardes his howse.

AN ELIZABETHAN MYSTERY SOLVED

Svnday: 12:

W. Ash: went to Clarkenwell to my Lady Paul: to supper [erasure] by whom I sent my letter to Mrs. **LoA6n𝑓h𝑓** but it was not delyuered: my mane Sankey sent to the Counter and delyuered my letter to my L: Mayre.

Mvnday: 13:

W: Ash: went to my Lady Paul: with my letter to Mrs **LΔA6nih𝑓** My letter to mystres **LΔA6nih𝑓** was delyuered. [erasure] **ωEƉpΔɾ ouɜox** resceaued a letter from **oow68Ɖp4qɾ v/ngàv** wherein he was aduised to staye the **maΔvà n6 Laɒiparr ah 6hnɾ Làxr̊cā Làccā𝑓** but yeat would not **𝑡ɒxà** £600 **6nh** renewyng **v⁺ɜà p̈ä Δhooàu** yeat he towlde me **hnLΔhv⁺ 𝑡hxvà** wrytte **ɜxɾ v⁺ɜà mäv⁻v⁺àh**

10.3 The first task was to make a frequency count of the symbols, and in order to simplify this each symbol was given a running number, starting with one. The symbols were first arranged in alphabetical order, as far as possible, with the invented letters and numerals following:

Cipher entries

[November 1583]

Tvesday: 7:

my L: H: and F: T: [erasure]

w a h ◻ ẑ ẑ h ā ð à r d a d △ r ſ vʼ
51.02.23.61.44.44.23.06.12.03.41.13.02.13.60.41.14.49.

q g a r L x   syr T: Layghtton and kyllegrew and
39.22.02.41. 31.52

Norton/

[May 1584]

Thursday: 21:

F. TH: [erasure] ﬅ △ h 4 ∞ h ◻ ọ r a d q 4
                70.60.23.57.72.23.61.54.41.02.13.39.57.
r → ſ + n 4 r d à ʓ 7 r I ã ſ ſ ⌒ d
41.64.16 69.34.57.41.14.03.73.58.41.29.05.43:43.62.13

AN ELIZABETHAN MYSTERY SOLVED 139

Svnday: 31:

[erasure] $I \infty \Delta \rho\ 4\ a\ \delta\ 6\ \bar{a}\ h\ \hbar\ 6\ \dot{a}\ \delta\ 4\ \mathcal{H}$
29.72.60.54.57.02.13.09.06.23.25.08.03.14.57.70.

$a\ \mathcal{L}\ p\ x\ r\ c\ \mathcal{L}\ 7\ \wp\ E\ /\ 7\ \bar{a}\ \Im\ 4\ \dot{a}\ \nu$
02.73.38.52.41.11.73.58.54.21.28.58.06.66.57.03.50

[June 1584]

Thursday: 25:

$\nu\ \partial\ i\ \hbar\ m\ \wp\ \underline{n}\ 6\ 6\ a\ h\ \dot{a}\ \mathcal{F}\ \partial\ :\ x\ \mathcal{L}\ u$
47.12.27.26.32.54   36.09.09.02.23.03.16   12.67.52.73.45.

$\bar{a}\ \underline{m}\ B\ 7\ \bar{a}\ \nu\ 4\ n\ 6\ h\ \square\ \mathcal{J}\ r\ u\ 8\ a\ i$
06.33.07.58.06   48.57.34   09.23.61.30.41.45.59.02.27

$\partial\ \Delta\ \nu\ \nu^+\ \wp\ r\ c\ 6\ \bar{a}\ \nu$ I wrytt to $\mathcal{L}\ x\ m\ n$
12.60.47.49.54.41.11   08.06.50   73.52   32.34.

$h\ \delta\ \boxed{9}$ .and sent it by my man/
23.13 $\boxed{9}$

and sent it by my man/

[July 1584]

Satterday: 4:

$\mathcal{S}\ \tilde{a}\ \partial\ e\ \square\ \chi\ g\ r\ n\ \omega\ m\ m\ \dot{a}\ c\ \tilde{a}\ \delta\ \Delta$
14.05.12.20   61.53.22.41.34.51.32.32.03.11.05.13   60

$\nu\ \nu^+\ \Delta\ \nu^+\ i\ \nu^+\ L\ \dot{a}\ 6\ n\ h\ 6\ \tilde{a}$ (my Lord Ander-
47.49.60.48.27.49   31.03.09.34.23.08.05

son Cheaffe Justise) $\nu^+\ 8\ n\ \mathcal{L}\ x\ \chi\ n\ A\ a\ r\ r\ \mathcal{S}$
                      49.59.34   73.52   53.34.01.02.41   41,14.

$+\ n\ m\ \Delta\ \nu\ \delta\ \square\ h\ \nu\ x$ for the quyett Inioyeng of his
69.34.32.60.47.13.61.23.50.52

leasse $\nu\ \delta\ \dot{a}\ \nu\ \nu^+\ \square\ \nu^+\ i\ \nu^+$ was of one thousand markes
48.17.03.47.49.61.48.27.49

Thursday: 9:

I resceaued a letter from Mrs ♫ △ L a 𝒟 à 𝟞 n ʋ
73.60.31.02.18.03   09.34.47.

ʋ⁺ à ƕ
49.03.24

Fryday: 10:

C a △ i 4 ä ɾ ʋ n   ʋ ▢ ɾ g ⱦ △ ɾ ʂ
10.02.60.27.57.04.41   49.34   47.61.41.22.52   60.41.16

ʋ n ♫ △ ʋ 𝟞 n ƕ   ▢ ♫ n i ɾ ʋ ð a u
48.34.73.60.50   09.34.23   61   73.34.27.41.49.17.02.45

L n i ƕ ʂ ω △ c c à ʋ   ▢ ƶ a △ ʋ ⱦ à
31.34.27.23.13.51.60.11.11.03.47   61.44.02.60.50.53.03

40s: 𝟞 ƕ △ / ɾ u ⧧ a ʋ   ʋ∂ ƕ n g à
09.23.60.28.41.45.63.02.50   49.12.23.34.22.03.

♫ n ƕ = ʋ n ɾ w ▢ ʋ ā 2 4 a ⱦ ʋ ʋ⁺
73.34.23.68   48.34.41   51.61.50.06.56.57.02.53.47.49.

a ʂ ʠ ʋ⁺ ʋ ⱦ L i ƕ ɾ à   I wrytte a letter to Mrs
02.13   40.49   48.52.31.27.23.41.03

L △ ƕ L ▢ ƕ ʠ   ƕ ǫ ⱦ ⧧ ð à   when as she went
31.60.23.31.61.23.39   23.54.53.63.12.03

out of the towne: —

Satterday: 11:

2ᶜ ü ò y   ω s a ɾ ʋ⁺ ä △ ɾ ∂   ʋ ▢ ω ã
65.46.37.55   51.42.02.41.49.04   60.41.12   47.61.51.05

♫ ǫ ʋ ʋ⁺ ƕ a ʋ   ♫ △ ƕ ǫ L △ A 𝟞 n ʓ
73.54.50.49.23.02.50   73.60.23.54   31.60.01.09.34.30.

ƕ ∂ :   and Wille Ashby with me/   My ʃ ƶ ä ṅ ∂
23.13.67   43.44.04.35.12

went out of London towardes his howsse/

Svnday: 12:

W: Ash: went to Clarkenwell to my Lady Paul: to supper [erasure] by whom I sent my letter to Mrs

𝐿 ◻ A 𝟔 𝑛 𝒇 𝒉 𝒅 but it was not delyuered: my mane
31.61.01.09.34.30.23.13

Sankey sent to the Counter and delyuered [erasure] my letter to my L: Mayre/

Mvnday: 13:

W: Ash: went to my Lady Paul: with my letter to Mrs
𝐿 ▲ A 𝟔 𝑛 𝑖 𝒉 𝒅 my letter to mystres
31.60.01.09.34.27.23.13

𝐿 ▲ A 𝟔 𝑛 𝑖 𝒉 𝒅 was delyuered: [erasure]
31.60.01.09.34.27.23.13

𝑤 𝜀 𝔇 𝑝 ▲ 𝛬 ◻ 𝑢 𝜕 ◻ 𝑥 resceaued a letter from
51.21.19.54.60.73   61.45.12.61.52

ⲟⲟ𝑤 𝟔.𝟖 𝔇 𝑝 𝟒 𝑞 𝛬 𝑣 𝑙 𝑛 𝑔 𝑎̀ 𝑉 wherein he
72.51.08.59.19.54.57.39.73   47.28.34.22.03.50

was aduised to staye the 𝑚 𝑎 ▲ 𝑉 𝑎̀ 𝑛 𝟔 𝐿 𝑎 ◻
                          32.02.60.50.03 34.09 31.02.61.

𝑖 𝑝 ◻ 𝑟 𝑟 𝑎 𝒉 𝟔 𝒉 𝑛 𝛬 𝐿 𝑎̀ 𝑥 𝑟 𝑐 𝑎̄
27.38.61.41.41. 02.23 09.23.34.73 31.03.52.41.11.06

𝐿 𝑎̀ 𝑐 𝑐 𝑎̄ 𝒅 .but yeat would not 𝒛 ◻ 𝑥 𝑎̀ 600ˡ:
31.03.11.11.06.13   44.61.52.03

𝟔 𝑛 𝒉 renewyng 𝑣⁺ 𝜕 𝑎̀ 𝑝 𝑎̈ ▲ 𝒉 ⲟⲟ 𝑎̀ 𝑢 yeat
09.34.23   49.12.03 54.04.60.23.72.03.45

he towlde me 𝒉 𝑛 𝐿 ▲ 𝒉 𝑣⁺ 𝒛 𝒉 𝑥 𝑣 𝑎̀
              23.34.31.60.23.49 44.23.52.50.03

wrytte 𝜕 𝑥 𝛬 𝑣⁺ 𝜕 𝑎̀ 𝑚 𝑎̈ 𝑣 𝑣⁺ 𝑎̀ 𝒉
        12.52.73 49.12.03 32.04.48.49.03.23

10.4 Having now numbered the ciphertext, we can make a frequency count, with the following result:

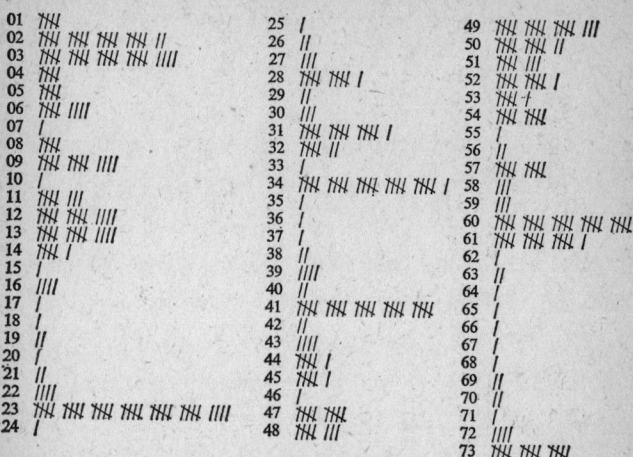

01	5	25	1	49	18
02	22	26	2	50	12
03	24	27	3	51	8
04	5	28	6	52	11
05	5	29	2	53	6
06	9	30	3	54	10
07	1	31	16	55	1
08	5	32	7	56	2
09	14	33	1	57	10
10	1	34	26	58	3
11	8	35	1	59	3
12	14	36	1	60	25
13	14	37	1	61	16
14	6	38	2	62	1
15	1	39	4	63	2
16	4	40	2	64	1
17	1	41	25	65	1
18	1	42	2	66	1
19	2	43	4	67	1
20	1	44	6	68	1
21	2	45	6	69	2
22	4	46	1	70	2
23	34	47	10	71	1
24	1	48	8	72	4
				73	15

First, we notice that there are seventy-three different symbols used in the ciphertext. This is obviously not a simple substitution cipher, where each letter of the clear alphabet is represented by a single cipher symbol. Even allowing for a few *nulls* (dummy letters) in the cipher alphabet, this would not add up to many more than the twenty-six letters of the ordinary alphabet. Evidently the Elizabethans knew the danger of using a simple substitution alphabet. We shall see later how the diarist tried to avoid this. Fortunately, the diarist has generally kept the word division in his ciphertext. If we list single-letter, two-letter and three-letter cipher-groups, we have:

Single-letter	Three-letter	
60	48.57.34	49.12.02
61	12.60.47	12.52.73
Two-letter	48.12.02	49.12.03
49.34	49.59.34	
40.49	60.41.16	(twice)
34.09	09.34.23	
73.52	48.61.51	

AN ELIZABETHAN MYSTERY SOLVED

It looks as if 60 or 61 stand for A or I. As the word A occurs 108 times in 10 000 words and the word I only sixteen times, it would suggest that both 60 and 61 probably stand for the word A.

Let us try the two-letter cipher groups for the most frequently used plaintext two-letter words. (The numbers in parentheses are the number of occurrences in 10 000 words.)

OF (222), IS (72), BE (43), IT (43), BY (42), AS (31), HE (31), ON (30), AT (25), OR (19), AN (16), SO (14), WE (12), IF (11), NO (10).

Taking the cipher groups 49.34, 40.49 and 34.09, we have the pattern AB, –A, B–. Now, the plaintext words having this pattern are:

TO,	AT,	ON
TO,	AT,	OR
SO,	IS,	OF
SO,	IS,	ON
SO,	IS,	OR

The most common three groups are TO, AT and OF, and if we equate these with the cipher groups 49.34, 40.49 and 34.09 we get 49 = T, 34 = O, 40 = A and 09 = F. Assuming 34.09 = OF, then the group 09.34.23 is FO–, probably FOR, giving 23 = R.

There is a long cipher group (page 140). If we insert the values we have already obtained, we get:

```
49.12.23.34.22.03.73.34.23.68.48.34.41
 T .  R O . . . O R . .  O .
```

This looks promising. It could be a name ending in –ORTON. But wait a minute; is not the diarist's name Sir Arthur THROCK-MORTON (spelled by the author THROKEMORTON)? Filling in the missing letters we have:

```
49.12.23.34.22.03.73.34.23.68.48.34.41
 T  H  R  O  K  E  M  O  R  .  T  O  N
```

and 68 must be equal to =. This is confirmed by the fact that this cipher group is, in fact, divided at the end of the line by the sign =. The fact that both 48 and 49 = T would lead us to suppose that similar cipher symbols might represent identical plaintext letters. However, we will not jump to hasty conclusions. The plaintext alphabet with the cipher numbers so far recovered is:

```
A  B  C  D  E  F  G  H  I  J  K  L  M
40       03 09    12       22    73
60
61

N  O  P  Q  R  S  T  U  V  W  X  Y  Z
41 34       23    48
                  49
```

Let us try some more ciphertext, with the aid of the values we have already found. Line 1 reads:

51.02.23.61.44.44.23.06.12.03.41.13.02.13.60.41.14
. . R A . . R . H E N . . . A N .

49.39.22.02.41 31.52 syr T. Layghtton and kyllegrew and
T A K . N
Norton/

It looks as if TAK.N is TAKEN, giving 02 = E, and AN. must surely be AND, giving 14 = D. Filling in these new values, we get:

. E R   A . . R . H E N . E .   A N D   T A K E N   . .
syr T. Layghtton...

Ignoring .ER, A..R.HEN.E. AND TAKEN .. could be APPREHENDED AND TAKEN BY syr T. Layghtton ... So the whole line probably reads WER APPREHENDED AND TAKEN BY SIR T. LAYGHTTON ..., WER being a variant spelling for WERE. New values are 13 = D, 51 = W, 31 = B and 52 = Y, and our alphabet now looks like this:

```
A  B  C  D  E  F  G  H  I  J  K  L  M
40 31    13 02 09    12       22    73
60       14 03
61
```

AN ELIZABETHAN MYSTERY SOLVED

```
N  O  P  Q  R  S  T  U  V  W  X  Y  Z
41 34 44    23    48          51 52
               49
```

The entry for Tuesday, 7th November, 1583, now reads:

'my I: H: H: and F: T: [erasure] WER(E) APPREHENDED AND TAKEN BY SYR T. LAYGHTTON AND KYLLEGREW AND NORTON.'

Turning now to the entry for Thursday, 21st May, 1584, and inserting known cipher values, we have:

F. Th: [erasure]:

```
70.60.23.57.72.23.61.54.41.02.13   39.57.41.64.16
 . A  R  . . R  A  . N  E  D         . . N  . .

69.34.57.41.14.03.73.58.41.29.05.43.43.62.13
 . O  . N  . E  M  . N  . . . . D
```

We have established that 13 and 14 (variants of the letter *d*) stand for the cleartext D. It looks likely that 15 and 16 (also variants of the letter *d*) may also stand for D. Similarly, 02 and 03 (variants of *a*) stand for E, so we may assume 04, 05 and 06 (also variants of *a*) stand for E. Filling in the appropriate values in the above text, we now have:

```
70.60.23.57.72.23.61.54.41.02.13   39.57.41.64.16
 . A  R  . . R  A  . N  E  D         . . N  . D

69.34.57.41.14.03.73.58.41.29.05.43.43.62.13
 . O  . N  D  E  M  . N  . E  . . D
```

It is evident from the erasure of the cleartext following the initials F: Th: (probably someone of the name of Throckmorton) that the diarist wished to hide something. So he is likely to have used a lot of dummy letters in the cipher to try to throw us off the scent. The long group at the end could be CON–DEM–N–E–––D with five dummy letters in it. This gives 69 = C, and 43, 57, 58 and 62 are dummy letters. . AR . . RA . NED looks very much like –AR––RAYNED with three dummy letters, giving 70 and 72 as dummies. . . N . D must surely be A–N–D, confirming that 57 and 64 are also dummies.

CODES AND CIPHERS

Our alphabet is now beginning to take shape:

```
A   B   C   D   E   F   G   H   I   J   K   L   M
40  31  69  13  02  09      12              22  73
60          14  03
61          15  04
            16  05
            06
```

```
N   O   P   Q   R   S   T   U   V   W   X   Y   Z
41  34  44      23      48              51      52
                        49
```

Nulls (dummies)
43, 57, 58, 62, 64, 70, 72

Let us now have a look at the cipher entry for 25th June, 1584:

```
47.12.28.26.32.54   36.09.09.02.23.03.16
 . H . . . .         . F F E R E D
12.67.52.72.45.06.33.07·58.06   48.57.34
 H . Y - . E . . - E T          - O
09.23.61.30.41.45.59.02·27   12.60.47.49.54.41.11.08.
 F R A N N . . E . H A T . N . .
06.50   I wrytt to 73.42   32.34.23.13   |6|
 E .                M .     O R D        |6|
```

. FFERED must be OFFERED, giving 36 = o, and M . . ORD could be MY LORD, giving 42 = Y and 32 = L.

The entry for Saturday, 4th July, 1584, reads:

```
14.05.12.20   61.53.22.41.34.51.32.32.03.11.05.13   60
 D E H E        A . K N O W L L E . E D              A

47.49.60.48.28.49   31.03.09.34.23.08.05
 . T A T . T         B E F O R . E
```

A . KNOWLLE . ED must be ACKNOWLLEGED, giving 53 = c and 11 = G. BEFOR . E must be BEFOR–E, indicating that 08 = dummy (–). The rest of the cipher reads:

```
49.59.34   73.52.53.34.01.02.41   41.59.69.34.32.60.47
 T . O      . O M Y C O . E        N N . C O L A .
```

AN ELIZABETHAN MYSTERY SOLVED

13.61.23.50.52   for the quyett Inioyeng of his leasse.
D A R . Y

48.13.03.47.49.61.48.28.49   was of one thousand markes.
T H E . T A T . T

T.O stands for TO, so 59 = a dummy (–). CO.EN must be COSEN or COZEN, so 01 = S or Z. N.COLA.DAR.Y looks like NICOLAS DARCY, so 59 = I, 47 = S and 50 = C. If 47 = S, then 01 = Z.

47.49.61.48.28.49
. T A T . T

is STAT.T (since we have just found 47 = S), which must be STATUT, and 28 = U.

If we fill in the cleartext letters against the cipher numbers, we have the following partial solution to the cipher alphabet:

1	2	3	4	1	2	3	4	1	2	3	4
A	01	Z	5	h	25		1	v⁺	49	T	18
a	02	E	22	h̃	26		2	V	50	C	12
ȧ	03	E	24	i	27		3	w	51	W	8
ä	04	E	5	I	28	U	11	x	52	Y	11
ã	05	E	5	I̧	29		2	χ	53	C	6
ā	06	E	9	ʓ	30		3	p	54		10
B	07		1	ʓL	31	B	16	y	55		1
b	08	—	5	m	32	L	7	z	56		2
ɓ	09	F	14	m̃	33		1	4	57	—	10
C	10		1	n	34	O	26	7	58	—	3
c	11	G	8	ṅ	35		1	8	59	I or	–3
ɔ	12	H	14	n̲	36		1	Δ	60	A	25
d	13	D	14	o̲	37		1	□	61	A	16
ſ	14	D	6	p	38		2	⌢	62	—	1
ɟ	15	D	1	q	39		4	⧺	63		2
ɟ	16	D	4	q̧	40	A	2	⇁	64	—	1
ð	17		1	r	41	N	25	2	65		1
Ð	18		1	s	42	Y	2	Ə	66		1
Ð̃	19		2	ſ	43	—	4	:	67	:	1
e	20		1	ʃt	44	P	6	=	68	=	1
ɛ	21		2	u	45		6	+	69	C	2
ǧ	22	K	4	ü	46		1	ſt	70	—	2
h	23	R	34	v	47	S	10	⊓	71		1
ɧ	24		1	v̄	48	T	8	∞	72	—	4
								ʃ	73	M	15

The reader is now invited to solve the remainder of the ciphertext, using the methods described above. A full solution will be found on page 179.

Lord Henry Howard and Francis Throckmorton, the diarist's cousin (L: H: H: and F: Th: in the diary entry for Tuesday, 7th November, 1583) were arrested and sent to the Tower for complicity in a Spanish and French plot to invade England. Francis appealed to the Queen for clemency, but he was turned down and executed at Tyburne on Friday, 10th July, 1584. This was the guilty family secret that the diarist sought to hide.

APPENDIX

Frequency Counts and Common Words

Each language has its own characteristics as regards the letters of the alphabet and certain sequences. Cryptologists have made counts of single letters, bigrams, trigrams and short words in long texts, and tabulated these in lists. These are of great value when it comes to solving codes and ciphers. No two lists will be exactly alike, as texts differ in their vocabulary. Military, political, philosophical and literary texts all have their own peculiarities, but out of all this will emerge a certain uniformity. For example, the single letters in English will fall into three groups: a high-frequency group (ETAONISRH), a medium-frequency group (LDCUPFMWY) and a low-frequency group (BGVKQXJZ). The remarkable characteristic is that the high-frequency group will invariably consist of the same letters in the same order, whatever the text, provided that it is reasonably long. The letters in the medium-frequency group are also remarkably consistent, although their position within the group may vary from text to text. The low-frequency group is also very consistent, with the rare letters always turning up as Q, X, J and Z. Another important feature is that the vowels in English and German account for 40% of a given text. In French this rises to 45%, and even higher in Spanish (47%) and Italian and Portuguese (48% each). If we find in English that a cipher has a vowel count of 40% of the text, we can surmise that we are dealing with a transposition cipher. If the high-frequency group (ETAONIRSH) accounts for 70% of the text, then we can be sure that it is a transposition cipher.

Each language has a letter that occurs most frequently. In English, French, German and Portuguese it will be the letter E. In Italian the vowels E, I and A vie for first place, while in Russian the letter O is the most prevalent. In the following tables will be found significant statistical information about the major European languages.

English

Order of frequency

Single letters: ETAONISRHLDCUPFMWYBGVKQXJZ

Bigrams: TH HE AN IN ER RE ES ON EA TI AT EN

Trigrams: THE AND THA ENT ION TIO FOR NDE HAS

Two-letter words: OF TO IN IT IS BE AS AT SO WE HE BY OR ON DO IF

Three-letter words: THE AND FOR WAS HIS NOT BUT YOU ARE HER HAD ALL

Four-letter words: THAT WITH HAVE THIS WILL YOUR FROM THEY KNOW WANT

Most frequent letter: E 12%. Vowels 40% of text.

High-frequency group (ETAONISRH): 70% of text.

Rare group (QXJZ): 1·2% of text.

French

Order of frequency

Single letters: ENASRIUTOLDCMPVFBGXHQYZJKW

Bigrams: ES EN OU DE NT TE ON SE AI IT LE ET ME ER EM

Trigrams: ENT QUE ION LES AIT TIO ANS ONT OUR ANT AIS OUS

Two-letter words: DE IL LE ET LA JE UN NE CE EN SE

Three-letter words: QUE LES ONT SON MON PAS LUI UNE DES QUI EST

Most frequent letter: E 16%. Vowels 45% of text.

German

Order of frequency

Single letters: ENRISTUDAHGLOCMBZFWKVPJQXY

Bigrams: EN ER CH DE GE EI IE IN BE NE TE UN EL DI ST

Trigrams: EIN ICH DEN DER CHT TEN SCH CHE GEN DIE UND UNG

Two-letter words: AB AM AN DA ES OB ER SO IN WO IM UM JA ZU DU

Most frequent letter: E 18%. Vowels 40% of text.

Italian

Order of frequency

Single letters: E I A O R L N T S C D P U M G V H Z B F Q J K W X Y
Bigrams: ER ES ON RE EL EN DE SI DI TI AL NT AN RA
Trigrams: CHE ERE ZIO DEL ECO ARI QUE ATO IDE EDI ESI
Two-letter words: LA DI IL IN SI HA HO

Most frequent letters: EIA 11% each. Vowels 48% of text.

Spanish

Order of frequency

Single letters: E A O S R I N L D C T U P M Y Q G V H F V J Z K W X
Bigrams: ES EN EL DE LA OS UE AR RA RE ON ER AS ST AL AD TA CO OR
Trigrams: QUE EST ARA ADO AQU CIO DEL NTE EDE OSA PER NEI IST SDE
Two-letter words: EN LA LO DE SE EL

Most frequent letter: E 13%. Vowels 47% of text.

Frequency of single letters in English

High-frequency group		Medium-frequency group		Low-frequency group	
E	12·3%	L	4·0%	B	1·6%
T	9·6%	D	3·7%	G	1·6%
A	8·1%	C	3·2%	V	0·9%
O	7·9%	U	3·1%	K	0·5%
N	7·2%	P	2·3%	Q	0·2%
I	7·2%	F	2·3%	X	0·2%
S	6·6%	M	2·2%	J	0·1%
R	6·0%	W	2·0%	Z	0·1%
H	5·1%	Y	1·9%		

These figures are only a general guide. After E, the letters in the high-frequency group may vary in position, and occasionally some of the letters towards the end of the group may stray into the medium-frequency group. The order of the letters in the medium-frequency group is subject to even more variation. The letters in the last group have a very low frequency indeed, and the letters Q, X, J and Z often do not occur at all in a text of limited length.

Reading List

The Codebreakers: the Story of Secret Writing by David Kahn. Weidenfeld & Nicolson 1968. xvi, 1164 pp.

> Undoubtedly the most comprehensive history of cryptography ever written.

Codes and Ciphers by Sam and Beryl Eppstein. First Book Series. F. Watts, 1965. 72 pp.

Cryptanalysis: a Study of Ciphers and Their Solution by Helen Fouché Gaines. Dover Publications, 1957. vii, 237 pp.

Cryptography by L. D. Smith. Dover Publications. 160 pp.

Fun with Codes by Joseph Reed. Pelham Books, 1969. 60 pp.

Answers to Problems

CHAPTER 2

Caesar ciphers

1. Author wants secluded house with garden. Provence.

```
S M L Z G J O S F L K K W U D
T N M A H K P T G M L L X V E
U O N B I L Q U H N M M Y W F
V P O C J M R V I O N N Z X G
W Q P D K N S W J P O O A Y H
X R Q E L O T X K Q P P B Z I
Y S R F M P U Y L R Q Q C A J
Z T S G N Q V Z M S R R D B K
A U T H O R W A N T S S E C L
```

Key:

```
A B C D E F G H I J K L M N O P Q R S T U V W X Y Z
S T U V W X Y Z A B C D E F G H I J K L M N O P Q R
```

2. Hundreds of people have dreamed about transformation of the elements.

```
C P I Y M Z Y N J A K Z J K G
D Q J Z N A Z O K B L A K L H
E R K A O B A P L C M B L M I
F S L B P C B Q M D N C M N J
G T M C Q D C R N E O D N O K
H U N D R E D S O F P E O P L
```

Key:

```
A B C D E F G H I J K L M N O P Q R S T U V W X Y Z
V W X Y Z A B C D E F G H I J K L M N O P Q R S T U
```

ANSWERS TO PROBLEMS

3. Gun gang kidnap envoy.

```
A O H A U H A E C X H U J Y H P I S
B P I B V I B F D Y I V K Z I Q J T
C Q J C W J C G E Z J W L A J R K U
D R K D X K D H F A K X M B K S L V
E S L E Y L E I G B L Y N C L T M W
F T M F Z M F J H C M Z O D M U N X
G U N G A N G K I D N A P E N V O Y
```

Key:

```
A B C D E F G H I J K L M N O P Q R S T U V W X Y Z
U V W X Y Z A B C D E F G H I J K L M N O P Q R S T
```

4. Egypt names Sadat to succeed Nasser.

```
X Z R I M G T F X L L T W T M M H
Y A S J N H U G Y M M U X U N N I
Z B T K O I V H Z N N V Y V O O J
A C U L P J W I A O O W Z W P P K
B D V M Q K X J B P P X A X Q Q L
C E W N R L Y K C Q Q Y B Y R R M
D F X O S M Z L D R R Z C Z S S N
E G Y P T N A M E S S A D A T T O
```

Key:

```
A B C D E F G H I J K L M N O P Q R S T U V W X Y Z
T U V W X Y Z A B C D E F G H I J K L M N O P Q R S
```

5. Wives offer to take over pumps.

```
P B O X L H Y Y X K M H M T D X H
Q C P Y M I Z Z Y L N I N U E Y I
R D Q Z N J A A Z M O J O V F Z J
```

```
S E R A O K B B A N P K P W G A K
T F S B P L C C B O Q L Q X H B L
U G T C Q M D D C P R M R Y I C M
V H U D R N E E D Q S N S Z J D N
W I V E S O F F E R T O T A K E O
```

Key:

```
A B C D E F G H I J K L M N O P Q R S T U V W X Y Z
T U V W X Y Z A B C D E F G H I J K L M N O P Q R S
```

Inverse alphabets

6. Firemen frown on crepes Suzette.

Cipher:
```
A X O B T B S A O R J S R S D
Z C L Y G Y H Z L I Q H I H W
A D M Z H Z I A M J R I J I X
B E N A I A J B N K S J K J Y
C F O B J B K C O L T K L K Z
D G P C K C L D P M U L M L A
E H Q D L D M E Q N V M N M B
F I R E M E N F R O W N O N C
```

Key:

```
A B C D E F G H I J K L M N O P Q R S T U V W X Y Z
F E D C B A Z Y X W V U T S R Q P O N M L K J I H G
```

7. A chemical laboratory under the microscope!

Cipher:
```
V T O R J N T V K K V U H E V
E G L I Q M G E P P E F S V E
D F K H P L F D O O D E R U D
C E J G O K E C N N C D Q T C
B D I F N J D B M M B C Q S B
A C H E M I C A L L A B O R A
```

ANSWERS TO PROBLEMS

Note that here we have run down the alphabet backwards. If we had run down the alphabet in the usual way, i.e. forwards, it would have meant extending the table to twenty-one lines.

Key:

A B C D E F G H I J K L M N O P Q R S T U V W X Y Z
V U T S R Q P O N M L K J I H G F E D C B A Z Y X W

8. Dangerous monkey escapes.

    Cipher: Z C P W Y L O I K Q O P S Y E
               A X K D B O L R P J L K H B V
               B Y L E C P M S Q K M L I C W
               C Z M F D Q N T R L N M J D X
               <u>D A N G E R O U S M O N K E Y</u>

Key:

A B C D E F G H I J K L M N O P Q R S T U V W X Y Z
C B A Z Y X W V U T S R Q P O N M L K J I H G F E D

9. Riot prisoners free hostages.

    Cipher: N W Q L P N W M Q R A N M Z N
               M D J O K M D N J I Z M N A M
               N E I P L N E O K J A N O B N
               O F K Q M O F P L K B O P C O
               P G L R N P G Q M L C P Q D P
               Q H M S O Q H R N M D Q R E Q
               <u>R I O T P R I S O N E R S F R</u>

Key:

A B C D E F G H I J K L M N O P Q R S T U V W X Y Z
E D C B A Z Y X W V U T S R Q P O N M L K J I H G F

Transposition mixed cipher alphabets

10. Not everyone is fortunate enough to live in a medieval hall house. I chose to move in and restore such a house six years ago. It is situated at the southern end of the village street at Adisham. Crown post single nooks or oak beams are history enough for most people but when I came to research into the lives of the previous occupiers of the house, I unearthed a vast amount . . . ('John Reynolds of Adisham' by M. A. Crane. In *Cantium*, vol. 2, 1, 1970).

Key: C A N T I U
      M B D E F G
      H J K L O P
      Q R S V W X
      Y Z

Key written out:

Clear: a b c d e f g h i j k l m
Cipher: C M H Q Y A B J R Z N D K

Clear: n o p q r s t u v w x y z
Cipher: S T E L V I F O W U G P X

CHAPTER 3
Vigenère ciphers

1. Keyword: D I G G E R F L A K E

    Clear: E a c h o f t h e a l
             p h a b e t s i n t h
             e V i g e n è r e s q
             u a r e i s a C a e s
             a r s l i d i n g a l
             p h a b e t

ANSWERS TO PROBLEMS

2.   Keyword: S O V I E T R U S S I A

     Clear: T h e r e a r e o v e r
             t h r e e h u n d r e d
             d i f f e r e n t B r i
             t i s h s h o r t h a n
             d s y s t e m s

Gronsfeld ciphers

3.   Key number: 1 0 9 2 8 3 7 4 6 5

     Clear: L o n d o n i s t h
             e c a p i t a l o f
             E n g l a n d a n d
             h a s a p o p u l a
             t i o n o f e i g h
             t m i l l i o n

4.   Key number: 5 1 6 0 4 9 7 2 3 8

     Clear: R u s s i a h a s a
             n e w a n t i b a l
             l i s t i c m i s s
             i l e c o m i n g i
             n t o p r o d u c t
             i o n o n t h e f i
             r s t o f J u n e

True Beaufort ciphers

5. Keyword: CONSERVATIVE

    Clear: H i s t o r i c B a r h
            a m m i l l c o u l d o
            n c e a g a i n b e t h
            e l a n d m a r k f o r
            t h e w h o l e o f e a
            s t K e n t

6. Keyword: ELECTIONS

    Clear: C a n t e r b u r
            y C o n s e r v a
            t i v e s a r e f
            i e l d i n g t w
            o n e w f a c e s
            f o r t h e m u n
            i c i p a l e l e
            c t i o n s o n M
            a y s e v e n t h

Variant Beaufort ciphers

7.
```
WORDSWORTHWORDSWORTHWORDSWORTH
Iwanderedlonelyasacloudthatflo
atsonhighoervalesandhillswhena
llatonceIsawacrowdahostofgolde
ndaffodils
```

8.
```
HERRICKHERRICKHERRICKHERRICK
Isingofbrooksofblossomsbirdsandbowe
rsofAprilMayofJuneandJulyflowersIsi
ngofMaypoleshockcartswassails
```

Porta ciphers

9.
```
GAYTRIPGAYTRIPGAYTRIPGAYTRIPGA
TheGrandNationalwasrunatAintreeandw
aswonbyGayTriponlysevenhorsesfinished
```

10.
```
SPLASHDOWNSPLASHDOWNSPLASHDOWN
ThethreeAmericanastronautsared
uetomaketheirsplashdownintheSo
uthPacificatnineminutespastsev
enthisevening
```

CHAPTER 4

Vigenère ciphers

1.   Keyword: V I N T A G E

                      Clear: M i n e e y e
                                s h a v e s e
                                e n t h e g l
                                o r y o f t h
                                e c o m i n g
                                o f t h e l o
                                r d h e i s t
                                r a m p l i n
                                g o u t t h e
                                v i n t a g e
                                w h e r e t h
                                e g r a p e s
                                o f w r a t h
                                a r e s t o r
                                e d

2.   Keyword: W E S L E Y

                      Clear: D o a l l t
                                h e g o o d
                                y o u c a n
                                b y a l l t
                                h e m e a n
                                s y o u c a
                                n i n a l l
                                t h e w a y
                                s y o u c a
                                n a t a l l

ANSWERS TO PROBLEMS

                          t h e t i m
                          e s y o u c
                          a n t o a l
                          l t h e p e
                          o p l e y o
                          u c a n a s
                          l o n g a s
                          e v e r y o
                          u c a n

3.   Keyword: MECHANICAL

          Clear: O v e r w e i g h t
                    l a d i e s r e q u
                    i r e d t o t r a i(n)
                    a s t e a c h e r s
                    f o r g r o u p t h
                    e r a p y s l i m m
                    i n g L o c a l i n
                    t e r v i e w s a r
                    r a n g e d f o r s
                    u i t a b l e a p p
                    l i c a n t s D e t
                    a i l s K e n t a r
                    e a m a n a g e r

4.   Keyword: SONETLUMIERE

          Clear: A d o c t o r a t K e n
                    t a n d C a n t e r b u
                    r y H o s p i t a l h a
                    s w a r n e d o f t h e
                    d a n g e r s o f m a r

athondrinkin
gafterreceiv
inganemergen
cyvisitfroma
Canterburypu
blicanwhoatt
emptedtobeat
theworldtea(d)
drinkingreco
rdonSunday

Note the two deliberate mistakes in 3 and 4. This often happens in real life and the cryptographer must be prepared for corrupt text to emerge.

Beaufort ciphers

5. Keyword: L U C I F E R
    Clear: Everyva
            lleysha
            llbeexa
            ltedand
            everymo
            untaina
            ndevery
            hillsha
            llbemad
            elowand
            thecroo
            kedshal
            lbemade
            straigh
            tandthe

ANSWERS TO PROBLEMS

               r o u g h p l
               a c e s p l a
               i n

6.   Keyword: MOUNTAINS

          Clear: A v e n g e o L o
                      r d t h y s l a u
                      g h t e r e d s a
                      i n t s w h o s e
                      b o n e s l i e s
                      c a t t e r e d o
                      n t h e A l p i n
                      e m o u n t a i n
                      s c o l d e v n t
                      h e m w h o k e p
                      t t h y t r u t h
                      s o p u r e o f o
                      l d w h e n a l l
                      o u r f a t h e r
                      s w o r s h i p p
                      e d s t o c k s a
                      n d s t o n e s f
                      o r g e t n o t

7.   Keyword: COUNCILEXCHANGES

          Clear: B r i t a i n n e e d s l a r g
                      e r l i f e b o a t s a n o f f
                      i c i a l r e p o r t s a i d y
                      e s t e r d a y M a n y o f t h
                      e m a r e t o o s m a l l f o r
                      t h e d a n g e r o u s r e s c

uestheyhavetoper
formthereportsay
sBiggercraftwoul
dbebetterequippe
dtosurvivesevere
stormconditionsa
tsea

8. Keyword:
O L D H O L B O R N B L E N D E D V I R G I N I A

Clear: K e v i n K e l l y a s e v e n t e e n y e a r o
l d s t e e l e r e c t o r f r o m C o v e n t r
y h a s a S c o t t i s h f a t h e r a W e l s h
m o t h e r a n d I r i s h g r a n d p a r e n t
s w r i t e s R o n W i l l s B u t y e s t e r d
a y h e w a s s e l e c t e d t o b o x f o r E n
g l a n d a t t h e E u r o p e a n u n d e r t w
e n t y o n e c h a m p i o n s h i p s i n H u n
g a r y n e x t m o n t h

9.   Keyword: P A T C H W O R K
             Clear: T h e r e i s r e
                      a s o n t o b e l
                      i e v e t h a t t
                      h e f i r s t a s
                      s o c i a t i o n
                      w i t h p a p e r
                      m a k i n g a t r
                      a d e w h i c h h
                      a s g r o w n t o
                      s u c h a n i m p

ANSWERS TO PROBLEMS 167

```
                    o r t a n t i n d
                    u s t r y i n t h
                    e M a i d s t o n
                    e a r e a w a s c
                    o n t e m p o r a
                    n e o u s w i t h
                    c l o t h w o r k
                    i n g
```

CHAPTER 5

1.
```
                    S I X U S
                    N A V Y V
                    E S S E L
                    S T O O K
                    O F F X X
```

2.
```
                    H O W D I
                    M C A N Y
                    O U G E T
```

3.
```
                    T H E B O Y
                    S T O O D O
                    N T H E B U
                    R N I N G D
                    E C K A B C
```

4.   Numerical key: 7 1 6 2 5 4 8 3

       Clear: A R M Y R E B E
                    L S L A Y D O W
                    N T E R M S F O
                    R T R I N I D A
                    D P E A C E X X   40

5. Numerical key: 2 4 6 8 1 9 7 5 3

    Clear:
```
T H E Y V E G O T
D E S I G N S O N
Y O U A N D Y O U
C A N S A Y G O O
D B Y E T O T H E
W H I T E C O L L
A R W O R K E R X   63
```

6. Nihilist cipher. Write cipher in square 7 × 7:

```
              1 2 3 4 5 6 7   vowel
                              count
              V I D R I C H     2
              H I T M I S T     2
              I R E H T T D     2
              I M A L C E S     3
              N C A B R E U     3
              I N N R O G M     2
              I S D E H T T     2

vowel count   4 2 3 1 3 2 1  = 16 total
```

We expect about 40% of total text will be vowels. 40% of forty-nine letters is twenty. In fact, we have only sixteen vowels, so the vowel counts for the rows and columns will be on the low side. 40% of a seven-letter unit is 2·8, and the limits are 35%–40%, i.e. 2·5–3·2 vowels. The vowel count for the rows is fairly satisfactory, allowing for the low count of vowels in the whole text.

Row 6 suggests the word MORNING. Rearranging the columns of the block to spell out MORNING in row 6, gives:

ANSWERS TO PROBLEMS

```
    7 5 4    1    6

1   H I R    V    C
2   T I M    H    S
3   D T H    I    T
4   S C L    I    E
5   U R B    N    E
6   M O R    I    G
7   T H E    I    T
```

Row 5 looks like ...URBANCE, so column 3 from the original square goes to new column 4 and column 2 goes to new column 5:

```
    7 5 4 3 1 2 6

1   H I R D V I C
2   T I M T H I S
3   D T H E I R T
4   S C L A I M E
5   U R B A N C E
6   M O R N I N G
7   T H E D I S T
```

Now, rewrite the rows according to the numerical key, written down vertically:

```
    7 5 4 3 1 2 6

7   T H E D I S T
5   U R B A N C E
4   S C L A I M E
3   D T H E I R T
1   H I R D V I C
2   T I M T H I S
6   M O R N I N G
```

7   Keyword: A R C H I T E C T S
     Numerical key: 1 7 2 5 6 9 4 3 10 8

                     C R A D L E D B Y T
                     H E H I L L S O F T
                     H E A R N O V A L L
                     E Y F L O R E N C E
                     E N J O Y S A S E T
                     T I N G O F G R E A
                     T N A T U R A L B E
                     A U T Y T H I S L O
                     V E L Y C I T Y I S
                     D E S E R V E D L Y
                     A D M I R E D F O R
                     I T S P A L A C E S   120

8. Nihilist cipher.

     Numerical key: 1 6 4 5 3 2 9 7 8

                     I N T E R E S T E
                     D I N A N T I Q U
                     E M A P S G L A S
                     S R O L L I N G P
                     I N S A N T I Q U
                     E F A I R S M A R
                     I N E P A I N T I
                     N G S A L E G L E
                     S S M O T H E R X   81

CHAPTER 6

1. Block 10 × 10. Rotating grille with following cells clipped:
1, 4, 6, 13, 18, 20, 24, 32, 37, 39, 45, 48, 51, 58, 65, 66, 70, 74, 78, 80, 82, 85, 86, 92 ,98 (25 in all).

Message: ISRAEL CLAIMED TONIGHT THAT AN EGYPTIAN MISSILE
BOAT SENT AN ISRAEL FISHING VESSEL TO THE BOTTOM
OF THE MEDITERRANEAN X

2. Block 8 × 8. Rotating grille with following cells clipped:
1, 5, 7, 10, 14, 17, 19, 23, 33, 35, 37, 39, 44, 49, 53, 62 (16 in all).

Message: CRASHES HIGH IN THE ANDES HIT TWO CREWS IN THE
DAILY MIRROR WORLD CUP RALLY ABC

3. Three blocks of 6 × 6. Rotating grille with following cells
clipped: 2, 6, 13, 15, 17, 26, 27, 30, 34 (9 in all).

Message: FOR LOVELY LINDA SHERATON THE CROWNING MOMENT
OF HER CAREER SHE WAS VOTED MISS LONDON STORES
NINETEEN SEVENTY AT THE PRESS BALL QQ

CHAPTER 7

1. Keyword: A R M O U R Y
              1 4 2 3 6 5 7

              T H E W E A P
              O N S C O U L
              D H A V E B E
              E N U S E D F
              O R A B L O O
              D Y W I N T E
              R O F G U E R
              I L L A A C T
              I V I T Y A G
              A I N S T T H
              E N O R T H E
              R N I R E L A
              N D G O V E R

```
               N M E N T A N
               D A G A I N S
               T B R I T I S
               H T R O O P S
               X                    120
```

2.   Keyword: G E N U I N E
                    3 1 5 7 4 6 2

```
               C O L L E C T
               I O N O F E N
               G L I S H S T
               A M P S M I N
               T A N D M A I
               N L Y U S E D
               V I C T O R I
               A N F O R I N
               V E S T M E N
               T C O N T A C
               T M R H O L M
               S Q U I S T R
               O O M T H R E
               E T W O O N E
               H O T E L R E
               G E N T X            110
```

3.   Keyword: C O N T A C T
                    2 5 4 6 1 3 7

```
               T Y P E W R I
               T E R S G E N
               U I N E B A R
               G A I N F I F
```

ANSWERS TO PROBLEMS

```
T Y P E R C E
N T D I S C O
U N T N E W O
L I V E T I T
E K N E E L E
C T R I C S E
I G H T Y S E
V E N P O U N
D S T E N W O
O D S T R E E
T K I N G S T
O N Q Q Q         110
```

4. Keyword: W I N T E R
             6 2 3 5 1 4

```
C O S T A D
E L S O L H
O L I D A Y
V I L L A O
N M O U N T
A I N S L O
P E P A N O
R A M I C V
I E W S T H
R E E B E D
S L I V I N
G D I N I N
G M O D K I
T B E A C H
F I V E H U
```

                    N D R E D Y
                    A R D S

5.   Keyword: P I C T U R E
                       4 3 1 6 7 5 2

                       T H E T E E N
                       A G E R S M A
                       N Y O F T H E
                       M S K I N H E
                       A D S A N D H
                       E L L S A N G
                       E L S W E R E
                       H E L D B A C
                       K B Y T H E P
                       O L I C E A S
                       P R I N C E S
                       ─────────────
                       S A N N E A R
                       R I V E D A T
                       T H E C A M E
                       O P O L Y C I
                       N E M A R E G
                       E N T S T R E
                       E T X X X X

Method of solution: probable word: PRINCESS ANNE. If the
key-length is less than the phrase PRINCESS ANNE (twelve letters),
then the letters must overlap. Suppose, for example, the key-
length is ten, then the phrase would appear in the block, if it
started in column 1, like this:

              P R I N C E S S A N
              N E

ANSWERS TO PROBLEMS

The bigrams PN and RE are ten letters apart in the phrase, since the width of the block is ten letters. We now look for bigrams formed by the first three or four letters of the phrase PRIN, the second letter of each bigram being another letter from the phrase. The distance apart in the phrase of the letters in the bigrams which occurs most frequently is probably the key-length (or width of the block) that we are seeking.

```
  1 2 3 4 5 6 7 8 9 10 11 12
  P R I N C E S S A N  N  E
```

Distance apart in phrase

Letter	Bigrams	1	2	3	4	5	6	7	8	9	10	11
P	PS						6	7				
	PE					5						11
R	RE				4						10	
	RA							7				
	IA						6					
	IN							7	8			
N	NA					5						
	NE		2						8			
	NN							7	8			

The distance 7 occurs with each of the letters P, R, I, N. So the key-length is 7. Writing out the phrase on a key-length of 7, we have:

```
P R I N C E S
S A N N E
```

Now we can set up embryo columns, taking a few letters before and after each of the bigrams PS, RA, IN and NN from the cryptogram:

```
E L S W E
H E L D B
K B Y T H
```

```
            O L I C E

            P R I N C

            S A N N E

            R I V E D

            T H E C A

            O P O L Y

            N E M A R

            E N T S T

            E T X X X
```

RIVED in line 7 seems to call for AR at the end of line 6.

Line 4 OLICE calls for a letter P on the end of the previous line, to read POLICE. Lines, 3, 4, 5, 6 and 7 now read:

```
            K B Y T H   P

            O L I C E

            P R I N C E S

            S A N N E A R

            R I V E D
```

Look in the cryptogram for the bigrams EA and SR. SR is to be found in group 6: CPSSR, and it is very conveniently preceded two letters earlier by P, which we require at the end of line 3 above. So we can fill in the last column of our embryo block:

```
            E L S W E    E

            H E L D B    C

            K B Y T H    P

            O L I C E    S

            P R I N C E S

            S A N N E A R

            R I V E D    T

            T H E C A    E
```

```
                    O P O L Y    I
                    N E M A R    G
                    E N T S T    E
                    E T X X X
```

The bigram EA occurs twice in groups 16 and 17: DNRAE and AEAAM. Trying the first group in the blank column above, we can see that it makes nonsense, so it must be the other one: AEAAM. Filling in the blank column with the letters preceding and following EA in the cryptogram, we now have:

```
                    E L S W E R E
                    H E L D B A C
                    K B Y T H E P
                    O L I C E A S
                    P R I N C E S
                    S A N N E A R
                    R I V E D A T
                    T H E C A M E
                    O P O L Y C I
                    N E M A R E G
                    E N T S T R E
                    E T X X X
```

Now we can block off the embryo columns in the actual cryptogram and number them in the order they occur in the cryptogram. These numbers applied to the columns in the embryo rectangle will provide the key number, which, as we know, is derived from the keyword:

```
                  1
   E E O K S   L[S L Y I    I N V E O    M T X]N A
             2
   E E H G[E   C P S S R    T E I G E]   H G Y S D
   3                                              4
   L[L E B L   R A I H P    E N T]T A    N M A E[E
```

```
                             5
HKOPS   RTONE   EE]MHH   DN[RAE
                             6
AEAAM   CERX]T  RFIAS    [WDTCN
                             7
NECLA   SX]EST  NNA[EB   HECED

AYRTX]
```

Now, all the letters preceding embryo column 1 must belong to that column. Note that embryo columns 1, 5, 6 and 7 all end in x, and, as x is a very common 'filler' letter at the end of the message, to make the number of letters up to a multiple of five we deduce that we have, in fact, reached the end of each column with the x's. Therefore, all the letters following, e.g. NAEEHG, after column 1 must belong to the top of column 2, and so on. Our rectangle is now taking shape:

```
        4 3 1 6 7 5 2

        T H E T E E N
        A G E R S M A
        N Y O F T H E
        M S K I N H E
        A D S A N D H
        E L L S A N G
        E L S W E R E
        H E L D B A C
        K B Y T H E P
        O L I C E A S
        P R I N C E S
        S A N N E A R
        R I V E D A T
        T H E C A M E
        O P O L Y C I
```

```
                    N E M A R E G
                    E N T S T R E
                    E T X X X X      125
```

This may seem a very long explanation, but, in practice, the process is quite simple and quick.

6.   Keyword: T H E T I M E S
                       7 3 1 8 4 5 2 6

                       I N F O R M A L
                       M I N I B U S C
                       A M P I N G T R
                       E K T H R O U G
                       H E A S T E R N
                       E U R O P E F O
                       R M I X E D G R
                       O U P O F A D V
                       E N T U R O U S
                       Y O U N G P E O
                       P L E X X

CHAPTER 8

Solution to cipher

[November 1583]

Tuesday: 7:
my L: H: H: and f: T: [erasure]
WER APPREHENDED AND TAKEN BY syr T: Layghtton and Kyllegrew and Norton.

[May 1584]

Thursday: 21:
F. Th: [erasure] –AR––RAYNED A–N–D CO–NDEM–N–E––D

Svnday: 31:
[erasure] P–AY–ED –ERR–ED– –EMMYING M–Y DU–E––ES

[June 1584]

Thursday 25:
THURLY – OFFERED HYMSELF–E T–O FRAUNS–ES HASTYNG–ES. I write to MY LORD 9 and sent it by my man.

[July 1584]

Satterday 4:
–ED– ACKNOWLLEDGED A STATUT BEFORE–E my Lord Anderson Cheaffe Justise T–O MY COSEN NICOLAS DARSY for quyett Inioyeng of his lease. THE STATUT was of one thousand markes.

Thursday 9:
I resceaued a letter from Mrs MABELE FOSTER.

Fryday 10:
GEAU–EN TO SANKY AND TOMAS FOR A MOUNTHES BOURDWAGGES APEASCE 40s: FRAUNS–ES THROKEMOR=TON WAS EX–ECUTED AT TYBURNE. I wrytte a letter to Mrs BARBARA RY–CHE when as she went out of the townne.

Satterday 11:
.... W–ENTE AND SAWE MYSTRES MARY BASFOURD and Wille Ashby with me. My FREND went out of London towardes his howse.

Svnday 12:
W. Ash: went to Clarkenwell to my Lady Paul: to supper [erasure] by whom I sent my letter to Mrs BASFOURD but it was not delyuered: my mane Sankey sent to the counter and delyuered my letter to my L: Mayre.

Mvnday 13:
W: Ash. went to my Lady Paul: with my letter to Mrs BASFOURD. My letter to mystres BASFOURD was delyuered.
WILLYAM ASHBY resceaued a letter from –W–ILLY–AM STOKES wherein he was aduised to staye the LEASE OF BEAUMANNER FROM BEYNGE BEGGED but yeat would not PAYE £600 FOR renewyng THE YEAR–ES yeat he towlde me ROBART PRYSE wrytte HYM THE LETTER.

TEACH YOURSELF BOOKS

LOGIC

A. A. LUCE

Logic is a discipline of discourse. For many centuries the study of Logic was an essential preliminary of higher education, and it has left a lasting mark on the language and outlook of cultured men. Many still study it with profit, and those who do not have time to study it themselves benefit unconsciously from the logical labours of past generations.

Logic is not an end in itself, but a means for fitting the mind to acquire and retain knowledge in any branch of the humanities or sciences. It will help you to detect a bad argument, and leave you with a mature critical faculty and a standpoint of your own.

Not only your thinking but also your speaking and writing should benefit; they should gain in clarity, precision and firmness. Lastly, logic will introduce you to philosophical questions and problems.

UNITED KINGDOM	50p
AUSTRALIA	$1·50*
NEW ZEALAND	$1·50
CANADA	$1·95

*recommended but not obligatory

ISBN 0 340 05645 2

Available wherever Teach Yourself Books are sold

TEACH YOURSELF BOOKS

CHESS

GERALD ABRAHAMS

Clear and stimulating, this guide to chess provides a thorough explanation and analysis of the game at all stages. While introducing the beginner to the rules and moves of the game, *Teach Yourself Chess* also encourages the reader to think like a chess player, to perceive and formulate tactical ideas and strategy for himself.

Carefully graduated so as to demonstrate all stages of the game, and complete with illustrations, this lucid study of chess provides a valuable guide both for the novice and for the advanced player.

UNITED KINGDOM	40p
AUSTRALIA	$1·40*
NEW ZEALAND	$1·40
CANADA	$1·50

*recommended but not obligatory

ISBN 0 340 05544 8

Available wherever Teach Yourself Books are sold